平凡社新書
973

いまこそ脱東京！

高速交通網フリーパス化と州構想

佐々木信夫
SASAKI NOBUO

HEIBONSHA

いまこそ脱東京！●目次

はじめに

社会は大きく変わりつつある。この一年、世の中を席捲《せっけん》したコロナ禍で大きく傷んでしまった日本、そして世界。その立て直しが大きな課題である。この状況を第三の敗戦と見る向きもあるが、ここは底力を発揮して新しい国づくりをめざさなければならない。

明治維新からここまでの一五〇年間、わが国はひたすら人は増え、所得は増え、税収は増え、成長の続く「右肩上がり社会」だった。人口は一世紀の間に約四倍に膨れた。だが、この先は坂を下るように減り始め、年を追うごとに厳しい下り坂となっていく。

国土にも定員があるとすれば、人口減は定員の過剰を修正する自然減の動きと見てもよい。先進国は概《おおむ》ね人口減がトレンドだ。いずれ日本はこの先、人も減り、所得も減り、税収も減り、成長しない「右肩下がり社会」へと進む。

長い間「改革なき政治」が続いた日本だが、昨年（二〇二〇年）秋に歴代最長となった安倍晋三首相が退陣した。代わって、新たに菅義偉《すがよしひで》首相が誕生し少し改革の気運が出てきた。縦割り行政、非デジタル、ハンコ行政など日本官僚制に巣食う〝悪しき弊害〟を取り除こうという動きである。少し小ぶりで実務的という見方もできるが、改革は〝各論の積み重ね〟〝戦略は細部に宿る〟、そうした見方からするとこうした改革のやり方もある。

だが一方で、巷間いわれるように大局観に欠ける、ビジョンなき、実務レベルの改革にとどまるという見方も否定できない。政治の役割は国の舵《かじ》取り（ガバナンス）にある。中長期のビジョンを設計し、膨らむ矛盾、問題を大きく取り除いて前に進む。そのためには大胆な改革に挑む必要もある。

実務中心の行政と「政治」の違いはそこにある。この転換期にあって実務型首相より政治家型首相が求められるゆえんはそこだ。菅政権が後者で本格政権をめざそうというのなら、この国をどうしたいのか、そのビジョンを掲げての改革構想が求められる。

「三度目の日本」という見方がある。作家の堺屋太一氏の見方だが、明治から敗戦までの一度目は富国強兵で「強い日本」を、敗戦から平成初めまでの二度目は高度成長で「豊かな日本」をつくった。これからが「三度目の日本」づくりだというのである。

だが東日本大震災、コロナ禍、経済の低迷と続き、「第三の敗戦」から抜け出せないでいる。これを乗り越え三度目の日本をどう創るか。堺屋氏は三度目のそれは「楽しい日本」づくりだとしている（『三度目の日本』祥伝社新書、二〇一九年）。

筆者はそのキーワードに『元気な日本』「来てよし、住んでよし、食べてよし」を充《あ》てたい。それを実現するために「三大高速交通網フリーパス構想」から「地方主権改革」「日本型州構想」まで骨太の提案をしている。本書ではその処方箋《しょほうせん》を書き連ねた。

ここにきて得体のしれない感染症の急拡大、コロナ禍に翻弄された日本だが、それを契機に学んだこともある。一つは三密都市「東京」に依存しなくても仕事や生活が成り立つということだ。いま地方移住への関心が高まっている。コロナ禍の影響もあるが、それだけではない。在宅勤務やテレワークなどを経験し、ゆとりある暮らし、新しい働き方への意識変化が強まっている。脱東京の動きだ。

最近の調査では東京圏に住む約四割、特に三〇～四〇代が強い関心を示し、すでに移住し始めている人や企業も出てきたという（内閣府）。企業本社を地方に移転させる動きも出てきた。

これまでは、この国の発展を中央集権による一極集中と、大都市一極集中による効率化に求めてきたが、そのやり方はもう限界にきている。これをどう変えるかだ。

いまこそ脱東京、脱中央集権の国づくりの時だ。

筆者は、次の三つを柱にこの国のあり方をリセットすべきだと考える。

一つ目は、道路、鉄道、航空の三大高速網の移動を実質タダにするフリーパス構想を実現することだ。そのことで人と企業の流れを分散化へ導く。

二つ目は、大胆な規制緩和と地方主権改革を進めることだ。そのことで各地における地域づくりの主体性を確立する。

三つ目は、四七都道府県を廃止し一〇州程度の広域州にくくり直すことだ。そこに置かれる州政府が内政の地域づくりの拠点として国づくりを競う。

こうすると人口減少に歯止めがかかり、国土の有効利用、均衡ある発展、働き方の自由が生まれる。元気な日本を創り出すことができる。

大きな転換期にあるいま、わが国は東京一極集中の解消、財政再建の道筋、中央集権の解体、地方主体の分権化、狭域化した四七都道府県体制の見直しなど、国の根本に関わる構造的な問題が山積している。相互に絡み合う問題だが、これらを簡素化、デジタル化、分権化の視点からどう畳むかだ。

一九八〇年代初め、高度成長が終焉し本格的な低成長社会の到来を見て、第二次臨調（臨時行政調査会、いわゆる土光《どこう》臨調）が設置されている。「増税なき財政再建」を旗印にメザシの土光敏夫氏らで改革設計が行われ、中曽根内閣は果敢に改革へ挑んだ。国鉄、電電公社の民営化、地方行革、官民の役割見直しなど現在につながる改革が断行された。

それから四〇年が経つ。時代は大きく変わった。

日本はこれから歴史上経験のない本格的な人口減少期に向かう。すでに二〇二〇年で年に約五〇万人減ったが、これがまもなく七〇万人、八〇万人、そして一〇〇万人と急減していく。少子高齢化に伴う人口減は二〇六〇年頃から緩くなるとされるが、仮に少子化対策が功を奏しても、もちろん二一〇〇年という八〇年後の話は誰にも分からないが、国交省の予測では四〇〇〇～六〇〇〇万人（二二頁図参照）、増田寛也氏ら日本創生会議（二〇一四年）の予測では概ね八〇〇〇万人となっている。独自の試算方法で推計している増田氏らの予測が妥当なようにも思える。

人口減は様々な歪みを生み、これ自体が大きな問題である。ただ、必ずしも悲観論だけで見る必要はない。人口が三分の二になるとして、労働力減をハイテク技術で補い、現在のGDP（国民総生産、約五〇〇兆円）を八〇年間ゼロ成長でも維持できるなら、世界で一番豊かな国になれる。

これまでの一億二五〇〇万人が暮らしやすいように整備した道路、橋、公共施設などの社会インフラを三分の二の人々で使うなら、快適で豊かな生活を営める。道路の渋滞も鉄道の混雑もなくなり、それぞれの家は広く使え、ゆとりある生活が可能になる。

問題は、二〇世紀に膨れるだけ膨れた国と地方の政府機構、行財政の仕組みをどこまで賢く畳めるかだ。いつの間にか日本は一〇〇兆円を超える国家予算となり、地方を合わせると重複経費を除いても一七〇兆円を超える財政規模になっている。コロナ禍の異常事態下を除いても予算は拡大の一途にある。

菅首相は〈自助〉〈共助〉〈公助〉の見直しを看板に掲げるが、これだけ〈公助〉（国と自治体が税金で賄う分野）が拡大すると、何でも公金で賄えという風土が蔓延してしまう。

それに呼応するかのように〝サービスは大きく、負担は小さく〟のポピュリズム政治が横行する。一三〇〇兆円を超える借金大国。赤ん坊まで含め国民一人一〇〇〇万円の公的債務を負う。家族四人で四〇〇〇万円。四〇歳で夫婦二人、子ども二人の平均的な家族の年収は七〇〇万円、この家族が年収の五倍の住宅ローン（三五〇〇万円）を組んで家を持とうとしても、すでにそれ以上の公的債務を負わされている。住宅ローンなど組めず否応なくマイホームを持てない状況に追いやられる。

毎年の赤字幅を縮めるには大増税か歳出大幅カットしかなかろう。だがいずれも選挙に不利と政治家はやらない。それがポピュリズム政治の特徴だ。これでは国家経営の欠如と言うしかない。もしこの先、国と地方の統治の仕組みに巣食う膨大なムダのカットなど大改革をやらないとすれば、その返済はサービスカットか増税により賄うしかない。すると国民の生活はますます苦しくなる。

わが国の舵の切り方として、①大増税か、②サービス大幅カットか、それとも③機構大改革か、その三つのどれを選ぶか――そうしたことが問われる政治の季節が必ずこよう。

まず増税なき簡素な政府の実現、それを旗印に第三者機関の「第三次臨調」を設置したらどうか。政治の与野党の思惑で進まない改革は第三者機関に委ねるのが賢い選択である。この国のあり方を根本から本書で問いたい。

第Ⅰ章　日本は変われるか

長期在職政権の評価

日本の政治に手詰まり感がある。視界不良であり、将来ビジョンが見えないからだ。史上最長の七年八ヶ月に及んだ安倍晋三政権が終焉して半年以上が過ぎた。後継の菅義偉政権はデジタル化やハンコ行政の廃止、携帯電話料金の値下げなど身近な問題の改革を取り上げ、手堅さが評価されている。しかし一方、当初の人気は陰り、「人柄が信頼できる」「地方再生に期待する」といった世論の支持は揺らいでいる。

コロナウイルス感染の収束と経済立て直しの両立をめざすとした公約は、コロナ禍の蔓延拡大で立ち往生の感がある。新政権の誕生は安倍首相の突然の辞任による「準備なきつなぎ政権」の性格を否めなかったが、この先本格政権への道筋をつけられるかどうか。

安倍政権は歴代の中で「最長の政権」だった。それを褒め称えるメディアも多かった。景気対策や雇用改善、外交面では安定感があった。だが、この〝改革なき政権〟ははたして、国民のために働いた長期政権だったと言えるだろうか。

七年八ヶ月の間に衆参議院選挙を六回も行った。首尾よく勝ち続けてはいたが、その選挙のたびに毎年のように浮上した「負の問題」を選挙の洗礼を受けたとしてリセットしてきた感じがする。むしろ、選挙と選挙の間の「短期政権」をつないでみたら、それが結果的に長期在職になったということではないのか。課題先送り型の「長期在職政権」と言えないか。

決して佐藤栄作、吉田茂、小泉純一郎のような問題解決型の「長期政権」ではなかった。筆者はそう見る。実際、本人も述べている通り「日々、目の前の問題を解決することに一所懸命頑張ってきたら長くなった」というのが率直な気持ちではなかったのか。

だが、こうした無難な波乗り政治をやっているうちに、世の中は大きく変化している。基層で起きている人口の構造的変化、量的な縮小だけでなく質的な構成変化、極端な地域偏在を放置し、問題をすべて先送りしてきた。取り返しのつかない大過を犯していないか。後継の菅政権はアベノミクスの継承を掲げるが、アベノミクスは本当に成功だったのか。

成功だったと与党政治家は言うが、それは国民の感覚と同じだろうか。一極集中の進む「東京国」と過疎化の激しい「地方国」に分断されている日本の現状。その構造的な問題を解決しようとしない。「改革なき政治」こそ、日本政治の危機ではないか。

一つ気になる調査結果がある。日本の子どもは「精神的な幸福度」で世界最低レベルというOECD（経済協力開発機構）の調査報告がそれだ。「夢を持てない子どもたち」、これは大人たちのこうした振る舞いに関係しよう。子どもたちで「将来政治家になりたい」と答える者はゼロに近い。

日本が内包する、ビジョンレス、パワーレス、リーダーレスという「三レス問題」が言われて久しい。これを作家の堺屋太一氏流に言うなら、日本が迎えた〝三度目の危機〟となろう。そしてその「三度目の日本」をどう創っていくかという話になる。

アベノミクスは成功だった？

安倍政権の十分な検証のないまま次の政権が動き出したが、「アベノミクス」とはいったい何だったのか、少し検証が要る。アベノミクスは二〇一二年一二月、民主党から政権を奪還した第二次安倍政権が発足した際、「デフレからの脱却」を旗印に安倍首相本人が

図1－1　アベノミクスの前半と後半

前半のアベノミクス（2012年12月～）		後半のアベノミクス（2015年９月～）
①大胆な金融政策 （日銀が年間90兆円の国債買い。物価を上げる）	→	①希望を生み出す強い経済 （GDP500兆円を10年で600兆円へ）
②機動的な財政出動 （赤字国債を40兆～50兆円発行し続ける）	→	②夢をつむぐ子育て支援 （出生率1.4を希望出生率1.8に。50年後も１億人）
③成長戦略（地方創生も） （新たな産業の創出と地方創生）	→	③安心につながる社会保障 （介護離職者10万人をゼロに）

命名した経済政策の総称だ。一九八〇年代に流行した米国レーガン大統領のレーガノミクスにあやかってつけたものである。

アベノミクスは三本の矢、①大胆な金融政策、②機動的な財政出動、③投資を呼ぶ成長戦略、を柱にデフレからの脱却をめざした。アベノミクスはこの「三本の矢」のイメージが強い。その評価ばかりが語られるが、じつはアベノミクスは第一次（前半）と第二次（後半）に分かれているのである（上図）。

前半の第一次は確かにデフレからの脱却に成功し、富裕層や大手企業、就職問題を抱える若者世代にも比較的好評だった。だが一方で、成長戦略はかけ声ばかりと地方都市や中小企業には不評だった。実際、成長の果実が全国に行き渡る、賃金が上がるとされたトリクルダウンにはつながっていない。実際、国民の実質賃金は年々下がっている。

アベノミクス後半（二〇一五年九月～）の「新三本の矢」は、①GDP五〇〇兆円を一〇年で六〇〇兆円へ、②出生率一・四を一・八へ、③介護離職者一〇万人をゼロへ、というのが柱。残念ながら、この後半のアベノミクスで評価に値する成果は出なかった。

というのも、GDP五〇〇兆円はこの二〇年間実質的にほとんど変化しておらず、むしろコロナ禍で現在四八五兆円を割り込み、縮小の方向にある。出生率も一・三五に低下し、年々史上最低の出生数を更新中。人口は年間五〇万人以上減少し始めた。介護離職者も二〇一九年で九万九〇〇〇人となり、ゼロはおろか今後さらに増えるという予測すらある。

不思議なことにこのアベノミクス後半の、新三本の矢を論評する記事はほとんどない。「アベノミクス継承」を謳う場合、それは前半の三本の矢なのか後半のそれなのか。

「人口減リスク」をどうする

政治家の任期は「仕事の単位」だ。その任期で何を解決し国民に提供するかが問われる。菅政権はまず自民党総裁の残り任期の秋までが一区切りだろうが、衆院選での勝利、自民党総裁の再選を視野に入れるなら、バーチャルでもよい、本格政権の骨格構想を国民に語

図1－2　わが国総人口の長期的推移

わが国の総人口は、2004年をピークに、今後100年間で100年前（明治時代後半）の水準に戻っていく。この変化は、1000年単位で見ても類を見ない、極めて急激な減少。

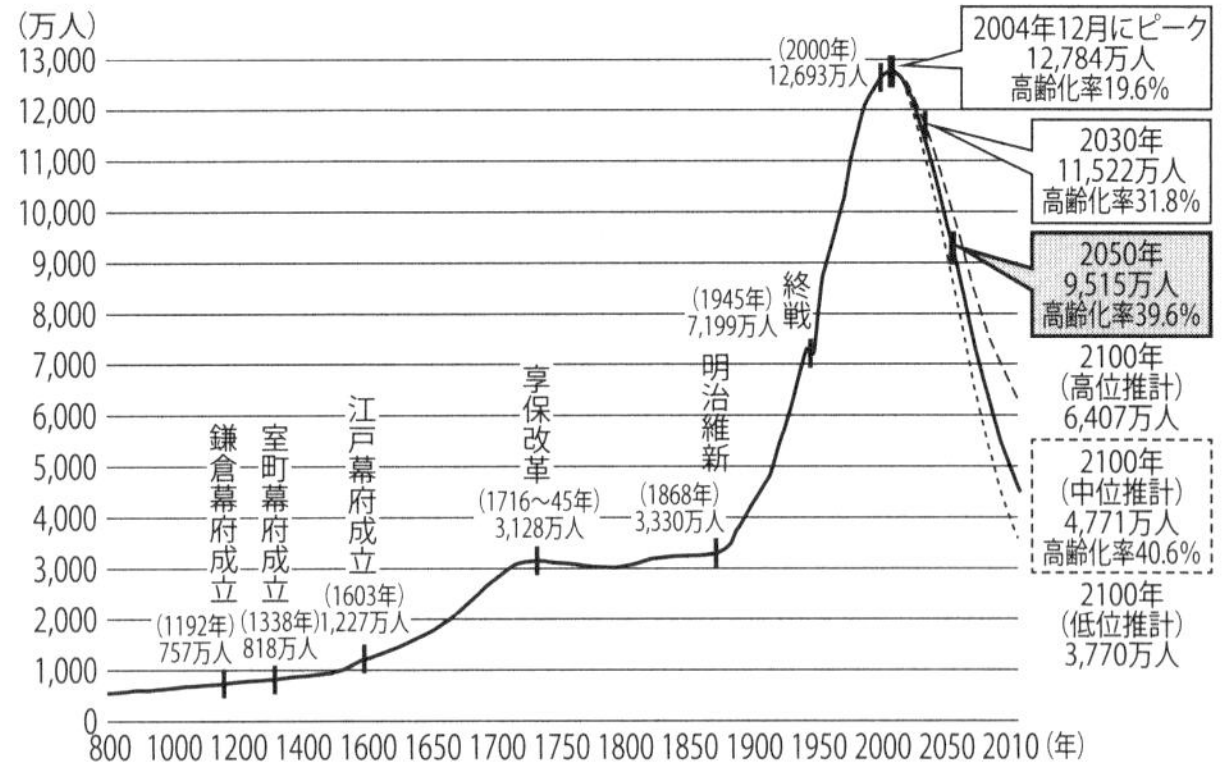

出典：「国土の長期展望」中間とりまとめ概要（平成23年２月21日、国土審議会政策部会長期展望委員会）

るべきである。

　というのも、この国は大きなターニングポイントにあり、しっかりとしたビジョンと強力な舵取りを必要としているからだ。

　近代日本で府県制度の始まった一三〇年前、日本の総人口はたった三五〇〇万人だった。当時人口が一番多い県は新潟県で、東京府などは九番目にすぎなかった。ところがその後、人口大爆発期となり、一世紀あまりで約四倍の一億二八〇〇万人まで膨れた。その中で東京は一四〇〇万人と飛び抜けて増え、一位に躍り出た。

だが二〇〇四年を分水嶺に人口減社会が始まった。この先について様々な予測があるが、八〇年後の二一〇〇年に六〇〇〇万〜八〇〇〇万人まで減るという見方が強い。もちろん人口減少に歯止めをかける方策を続けるべきだが、乗り物にも定員があるのと同じように国土にも定員があるのではないか。

米国カリフォルニア州一州の面積しかない日本。その七割が山林地であり、可住地は三割程度にすぎない。そこに一億人以上の人々が密集してきた。バランスよく密集したのならともかく、可住地の二割にも満たない東京圏、名古屋圏、大阪圏に人口の半数が集まるという偏在ぶりだ。日本の人口問題は数の減少問題もそうだが、偏在の問題も大きい。

ともかく、一億二八〇〇万人が三分の二程度まで減る流れが止まらないなら、それは国土の定員に向かい正常化する「揺り戻し現象」と見て、それに合った国のかたちを模索すべきではないか。そのために政治は何をやるべきか。

「東京リスク」をどうする

人口の地域的偏在で一番大きな問題が東京一極集中だ。昔の日本は決して東京一極集中

図1－3　東京一極集中

①国土0.6％＝1,400万人

②国土0.2％（23区）＝1,000万人、昼間1,300万人

③国土3.6％（東京圏）＝3,500万人（国民の３割）

④東京＝GDPの２割、国税収入４割、
本社７割、株式取引高９割、
銀行貸出残高４割、
大手テレビ・新聞・出版社９割、
大学生４割

ではなかった。府県制度の始まった一八九〇年（明治二三）頃は東京府の人口はたったの一五〇万人であり、当時人口が一番多かったのは新潟県だった。総人口三五〇〇万人の時代だが、東京は九番目にすぎなかった。

　ところがわが国が近代化するにつれ、東京は物凄い勢いで人口が増える。一九二八年五〇〇万人、六二年一〇〇〇万人、そして二〇二〇年に一四〇〇万人を突破。これがピークと思われるが、ともかくこの一世紀の間に九倍にも人口が膨れた、それが東京だ。

　東京都は国土面積のたった〇・六％だが、そこに国民の一割以上が集まっている。一〇倍の過密度と言ってもよい。地方分散を叫んできたが、事実は全く逆の方向にある。

人口膨張だけでなく、様々な分野の占有率も高めてきた。政治、行政、経済、情報、教育、文化など日本のあらゆる分野の高次中枢機能が集中している。首都であるがゆえだが、この集中を意図的に加速し、そして放置してきた。

GDPの二割、国税収入の四割、株式取引高の九割、本社七割、外国企業の五割、情報サービス業（売上）の五割、銀行貸出残高の四割、商業販売額の三割を占有。国公私立大の有名校も多く、大学生全体の四割が東京圏に学ぶ。主要テレビのキー局、大手の新聞、雑誌、出版社もみな東京。この集中状況は世界でも突出している。

これをプラス評価する見方も強いが、しかし、これがいかに東京リスクの引き金を引くことになるか。繁栄とリスクは隣り合わせにある。

これまでわが国は半世紀以上にわたり、工場等の地方分散を狙い、職住近接の地域づくりをめざし全国総合開発計画（第一～五次全総計画）などを進めてきた。だが、そうはならなかった。

ただ幸いなことにその間、新幹線や高速道、航空路線の三大高速交通網が整備され動きやすくなった。ところがいまのままだと集権体制の温存でストロー効果が働き、その果実は東京に一極集中し、地方は疲弊するだけの状態にある。「ふるさと納税」などの発想はよいが、それだけでは変わらない。大ぶりの改革に挑む必要がある。分権改革を進め地方主権体制をめざす、広域圏を州とし内政の拠点にする、すでにある三大高速交通網の移動コストを公共管理で下げ、動きを流動化することだ。

日本は米国カリフォルニア州一州ほどの小さな国だが、三大高速交通網がよく整備され端から端までの移動にそう時間はかからなくなった。だが、カネ（費用）がかかる。これがバリアとなり東京圏から企業も人も出ない。ここを直すとよい。新幹線、高速道、航空路線の運賃を国や都の負担で実質上タダにするのだ。

そうすると、人も企業も事務所も広範囲に動き出す。これまで力を注いできた道路づくりの時代は終わった。つくるより利用を工夫すべき時代である。公費で運賃を負担すること。ガソリン税は道路づくりより利用者がタダで動けるように使ったらどうか。毎年の地方創生費の一部もそこへ投入、東京の再開発予算からも数兆円を回したらどうか。すると、本社は東京でも新幹線沿い、高速道周辺、地方空港周辺に様々な支店、サテライトオフィスが集積し人も企業も動く。水は低きに流れる。

総力戦で東京一極集中の解消を狙う。立地コストが安く環境がよければそこが集積地になる。東京圏は一五〇キロ圏の仙台、名古屋まで、大阪圏も同様に名古屋、広島まで広がろう。こうして地方分散が進み、日本は元気を取り戻す。

「財政破綻リスク」をどうする

もう一つ、財政の問題だ。人口が予測通り三〇年後に一億人を割り、八〇年後に八〇〇〇万人以下になるなら、それを事実として受けとめ、もうこれ以上借金は増やさないことだ。現在の国と地方の借金、合計すると一三〇〇兆円にもなる。どうするのか。この二〇年間、毎年六〇兆円規模で借金は増え続けている。二〇二〇年はコロナ対策で一〇〇兆円を超えている。

結果、どうなったか。赤ん坊まで含め国民一人当たりざっと一〇〇〇万円、標準家族四人の家庭で四〇〇〇万円の借金がある。これをどのようにして返すのか。

一説には返す必要はないという見方もある。——国はいくら赤字国債を大量に発行しても返さなくてよい。国の借金である国債を日銀が買い取っている限り、ただ札を刷って賄うだけ、自国通貨の出回る量が増えるだけで何ら問題ない。借金が膨れても日本の財政破綻はない。国はもっと積極的に借金をし、公的需要を増やし経済を活性化すべきだ。それが失業対策、倒産防止になると——。

ＭＭＴ理論（現代貨幣理論）と言われるもので、かつて米国のトランプ政権を支えた一部経済学者の考え方がそれだ。日本でもそれに飛びつき鬼の首を取ったように触れ回る者がいる。これまでの放漫財政をあたかも支持しているかのような見方だ。

本当だろうか。世は〝緊急事態〟ですべてがくくられてしまう様相だが、少し醒めた目で見たらどうか。カネやサービスのばらまき政治をチェックする必要がある。この国の国家財政は毎年一一〇兆円の歳出規模に対し税収規模（歳入）は六〇兆円に届かない。この歳出と歳入が「ワニの口」のように大きく開いた穴をすべて赤字国債で賄ってきた。この開いた口を閉める改革努力はほとんど見られない。改革なき政治がそれだ。与野党問わず、〝サービスは大きく、負担は小さく〟のポピュリズム政治の大合唱である。

ＭＭＴ理論は、国家と家計は別だとし、日銀が発行する自国通貨で国債を買い入れている分にはいくら累積債務が増大しても構わないとする。そうだろうか。常識的に言うと借金は返さねばならない。世の中、返してくれない人にカネを貸す人はいない。国家が家計と違うのは国には徴税権があり、必ず借金は返してくれると信じられているからこそ国債を購《あがな》う人がいるということだ。国債の信用はそこにある。「国債」は「税金の前借証書」であり「将来集めた税金で返す」という約束の上に成り立っている。なぜか市町村と都道府県という地方自治体には赤字地方債を発行する仕組みはない。法律で事実上禁じているからだ。自治体の倒産を防ぐためだが、中央政府だけは別だというのは詭弁ではないか。ギリシャやベネズエラが国の借金でどれだけ苦しんだか。

日本も戦中・戦後、戦費調達や戦後賠償のため札を刷りすぎハイパーインフレとなり、猛烈な物価上昇と巨額の財政赤字が国民生活を直撃した歴史がある。国民の資産に高率の税を課し、富裕層だけでなく中間層からも多くの財産税を徴収した。この先そうならないという保証はない。常識的に言うと、「借金は返さなければならない」。これは国家も家計も違わない。事実、現在でも国は公債費（借金の元利償還費）を毎年二五兆円も払っている。利子が上がると三〇兆円に跳ね上がろう。公債費の負担がなければ、どれだけ私たちの行政サービスにカネを回せるか。国から地方へ毎年約一六兆円の地方交付税を配分しているが、これを遥かに上回る公債費だ。改革の痛みから逃げる方便が「国の借金は返さなくてよい」理屈ではないか、筆者にはそう見える。

ではどうするか、いまのところ選択肢は二つしかない。一つは一一〇兆円の歳出規模に合わせるように今後も大増税を続ける。もう一つは、税収（歳入）の六〇兆円未満に合わせるように歳出を大幅カットするかだ。どちらが政治的に可能か。だが政治家は選挙にいずれも不利と誰もやらない。「サービスは大きく、負担は小さく」と主張する方が勝つポピュリズム政治の続く中、大増税も大幅なサービスカットもできないのが現状である。毎年の赤字幅を縮めるには大増税か歳出の大幅カットしかない。それを避けるのがポピュリズム政治の横行。これでは国家経営の視点の欠如、堕落した政治だ。もしこの先、国と地方の統治機構に巣食うムダを排除する大改革をやらないなら、借金の返済は大増税で賄うしかなかろう。そうあってはならないというのが本書の立場である。

時には「苦い薬を飲まなければいけない」。いまの政治にそう国民を説得する力があるのか。逆に「あなたたち（政治家）はこれまで何をやってきたのか」と責任を問われる、その切り返しが怖い。だから、この問題を避けようとする。

では、私たちは座して死を待つしかないのか、第三の道はないのか、そこが財政面から見た日本改革の最大の論点である。第三の道は拓けるのではないか。

第三者機関「臨調」の設置を

四〇年前、日本はマイナス成長時代を迎え「増税なき財政再建」を旗印に国鉄、電電公社の民営化や地方行革、官民見直しなど行政を圧縮する改革に注力した。「第二臨調」行革だ。

それから時代は大きく変わった。人口大減少期に入った日本の行政はどうあるべきか、一府一二省庁体制、四七都道府県体制、一七一八市町村体制、そして何層にもわたる類似の出先機関があり、重複行政、重複機構があまりにも多い。公私の役割分担の見直しも不可欠だ。この国を「賢く畳む」改革に挑む時ではないのか。これについては後の章で詳しく述べる。

与野党の政治対立で改革はなかなか進まないのが現状だが、ここは第三者機関である「第三次臨調」を設置するタイミングと見るがどうか。地方への権限・税財源の移譲、州制度への移行などを睨《にら》み、各界の英知を「改革」に結集すべきではないだろうか。

それがいま政治が果たすべき役割であり、歴史的な役割を果たす道筋ではないだろうか。

第Ⅱ章　一極集中は「日本型フリーパス構想」で解決できる

コロナ禍に翻弄される東京

東京一極集中の問題がコロナ禍を契機に新たな段階に入っている。国土面積のたった〇・六％の東京都に一四〇〇万人、三・六％の東京圏（一都三県）に三五〇〇万人と異常な一極集中の国。そこを直撃したのが新型コロナ感染症の大流行であり、日本の感染者全体のほぼ三分の一がこの東京圏で出ている。異常な三密大都市東京圏をどうするか。

一年経ってもコロナ感染拡大は収まらず、ことし（二〇二一年）一月には二度目の緊急事態宣言が東京圏をはじめ大阪圏、名古屋圏などに出された。これまで人口の集中する東京は台風や集中豪雨、大地震など自然災害に襲われるリスクが高いとされてきたが、これに新たにコロナ感染症蔓延というリスクが加わった。マスク着用を余儀なくされ、人との交流も経済活動も大きく制約され続けた。「東京リスク」は深刻さを増している。

経済と医療の崩壊が同時に起きるという、前代未聞の事態に政治も行政も手を打てない状況だ。ワクチン投与を急ぐなど医療分野の打つ手は見えるが、東京一極集中という国土構造を変える動きとなるとほとんど見えない。特効薬はないとしても、三密都市の解消こそがコロナ禍対策の最大の政策手段ではないか。東京一極集中の解消に本格的に取り組まなければこの国はもう滅びる。そこまで事態は深刻なところにきている。

見えない一極集中抑制策

少し変化の兆しがある。最近、コロナ禍で東京都内を離れる人が増えているのだ。東京都から転出した人は二〇二〇年七月から五ヶ月連続で転入者を上回っており、この間約一万七〇〇〇人の転出超過となっている（総務省調べ）。まだ微々たる数字でしかないが、コロナ禍の影響でテレワークの普及や働き方改革、人々の意識変化が進んでいることから一つのトレンドになるかもしれない。仕事の内容によってはあえて過密の東京に住む必要のないことも分かってきた。通勤地獄の苦痛、通勤に要する時間のムダから解放され、家族や地域の人との交流や、趣味に充てる時間が増え、ゆとりのある暮らしができる。そのことを多くの人は身をもって知った。この流れを大きく育てていく手立てはないだろうか。

こうした動きは二〇一三年七月以降で初めてだが、コロナ禍を機に地方分散を本格的に進めるべきだ。東京の再開発より地方充実の方向へ力点を移すべきである。企業によっては地方移転、地方居住がキャリア上不利にならないよう新たな制度をつくったり、地方などでの副業や兼業を容認する動きも出てきた。ＪＴＢは転勤命令が出ても居住地を離れずテレワーク主体で働く制度をつくり、副業などを奨めるため年間の勤務日数を減らせる制度を用意した。茨城県日立市は市内への移住者に最大一五〇万円の住宅費を助成するなど、テレワークの会社員をターゲットに優遇措置を講じている。都内に設けた県の移住相談窓口の利用者が前年比で五割も増えているという。

本社機能を一部でも地方に移すという企業も二〇％を超えるという（経団連の調査）。兵庫県の淡路島へ本社移転を進めるパソナグループなどは好例だ。いずれ、働く者にとって多様な選択肢は地方移転や地方居住の追い風になる。まだ点のような動きだが、これを面に広げるよう、国は税制面で移転を支援するなど企業努力を促すべきだ。

だが一極集中の促進面も強い

とはいえ、そう簡単に地方分散が大きな流れにはならない。政府のホンネは東京集中こそが経済成長の糧とでも考えている節があり、一向に地方分散のアクセルが踏まれない。国や都は表向き「東京一極集中」の抑制を言うが、実際やっていることは逆だ。二〇〇一年の小泉純一郎政権に始まりアベノミクスの成長戦略と続いたこの二〇年間の国土政策は、東京への経済一極集中で日本の危機を乗り切ろうとしてきた感が強い。

東京都心にはいくつも国家戦略特区が指定され、大規模な民間ビッグプロジェクトが目白押しだ。それに東京五輪関連のプロジェクトも加わってきた。ここ一〇年を見ても東京丸の内、大手町、六本木、日比谷、渋谷、虎ノ門に二〇〇二年丸ビル、〇三年六本木ヒルズ、〇四年コレド日本橋、〇七年東京ミッドタウン、一二年渋谷ヒカリエ、一四年虎ノ門ヒルズ森タワーが開業といった具合だ。

二〇二一年夏に東京五輪が行われれば、使われた東京湾岸晴海ふ頭の「五輪選手村」はその後民間へ払い下げられる。五〇階建て超高層二棟を含む住宅マンション五六五〇戸が売られ、これだけで東京都中央区の人口は一万二〇〇〇人増える。さらにその近くに超高層マンション五棟が建設中だからやがて数万人増える。都心空洞化に悩んできた中央区にとって湾岸地域の高層化ブームは救いの手かもしれない。中央区ではこの二〇年間で人口が倍増し一七万人を超える勢いだ。他方、幼稚園、保育所、小学校などが足りず、かつての高度成長期のような悩みも抱えている。

東京の超高層ビルやマンション、オフィス建設ラッシュの流れはしばらく続くと思われる。いずれも腰が定まらない。ある意味、ブレーキを踏むべきところを一方でアクセルを踏み続けるチグハグさ。これはどこからきているか。このことはそもそも東京一極集中をどう評価するかという根本に関わる話である。一極集中を困ったことだと見る人と、いやその方が望ましいと見る人と、捉え方が交錯しているのがチグハグさを生む。

東京一極集中のメリット

東京一極集中を肯定的に捉える見方はこうだ。一極集中のメリットを最大限に評価する。明治維新から一五〇年。ひたすら〝追いつけ追い越せ型近代化〟を求め、戦後焼け跡から驚異的な復興を遂げ〝東洋の奇跡〟とされた日本。それは東京一極集中のメリットを最大限活かしその実現を図ってきたからだ。そのメリットは次の三点にあろう。

第一、集積が集積を呼ぶ、「規模の経済」を最大限活かせること。大企業の七割は東京に本社を置く。その理由は、①仕入れ・販売など取引に有利（四割）、②中央省庁との接触が便利（二割）、③自社の支社・営業所・工場の統率に便利（一割）、④人材確保・金融取引に有利（同）、⑤情報発信力が強く影響力がある（同）からだという。

第二、大規模市場が存在すること。都民だけで一四〇〇万人、東京圏民で三五〇〇万人、内外から多数の来客があり巨大な買い物市場が形成されている。あらゆる商品、あらゆる品数が揃う。大学生の四割近くが東京圏に学び、就職時には全国の若者の七割近くが東京に職を求める。多様で選択可能な魅力ある仕事が多く、自分を磨き挑戦できる職場があるからだ。

第三、首都である東京ブランドが高いこと。江戸時代から四〇〇年以上日本の中心にあり首都機能がある。東京にオフィスを構える企業、各種団体のプラスイメージ、千代田区、中央区、港区など都心に事務所や店を出すブランド力、信用度は計りしれない。国際的にもニューヨーク、パリ、ロンドンと並び「TOKYO」の知名度は高い。外国人観光客も多く国際金融市場での相場形成力も高い。

こうしたメリットが複合して東京の価値を高めている。なので「政府がいかに分散政策を実行しようと努力しても、第三次産業が都市部で栄えるうねりを止めることはできない。経済のグローバル化が進む中、東京が世界との都市間競争に向かう流れを止める訳にもいかない」。むしろ〝東京一極集中が日本を救う〟とすら言える――そう主張する人たちも出てくる。次章で見るが戦後、東京都政の都市政策スタンスもじつはここにある。

東京一極集中のデメリット

だが、それが世の大方の見方かと言うとそうではない。むしろ東京一極集中は諸悪の根源、〝その解消こそが日本を救う〟として一極集中を否定的に捉える向きも多い。その理由は次の点だ。

一つ目は人、モノ、カネ、情報が量的に過集中し、国内不均衡がどんどん拡大していること。人口や産業、雇用、情報、大学などの東京一極集中は止まらず、このままだと人口の五割が東京圏に飲み込まれ、地方は過疎化がより深刻化し日本は沈没する。

二つ目は、政治、行政、経済、情報など高次中枢機能が一極集中し、この国のかたちを歪《ゆが》めていること。それだけでなく、いざ首都直下地震が起こると東京はおろか日本全体が麻痺する。東京では大停電が起き、超高層ビル、マンションは何日間も上下水道、電気、ガス、通信回線がストップし、デマ情報に群集はパニックになる。首相官邸、各省庁、国会、裁判所などこの国の三権力が機能停止になり、経済規模にして数百兆円を失う。

三つ目は、前例のない「老いる東京」問題が深刻だということ。人が老いインフラが老いる。東京に、豊かだ！　繁栄だ！　日本を牽引する機関車だ！　と頼り切っているうちに内側から影の部分が膨らみ、日本最大のリスクを負う状況になってきた。コロナ禍で大ダメージを受けているが、これに、東京五輪が開催されても終われば大不況が追い打ちをかける。経済は低迷しながら高齢化が加速し、老いたインフラを維持できず、都市のスラム化も起こる。橋が落ちトンネルの壁が崩落し、古くなった首都高速はあちこちでひび割れし、交通渋滞が慢性化する。その可能性も否定できない。

これまでの〝東京は豊かだ〟と政策的にも放置されてきたツケが一気に噴き出す。この解決のためこれまで交付額ゼロの東京に、地方交付税一六兆円のうち三分の一を投入せざるを得なくなったらどうする。東京も地方も共倒れの事態となろう。

ほかにも東京機関車論が否定されるような事実がある。すでに東京の成長力には陰りがあるのだ。確かに日本のＧＤＰの二割（約一〇〇兆円）を稼ぐ都市だが、総生産の伸び率は全国の平均三・一％を下回り、東京は二・〇％止まりだ。一人当たり都民所得の伸び率も一・九％と、四七都道府県で下から六番目。人口増で見かけ上は活力ある都市に見えるが、実際の労働生産性は低いのが東京の現状である。

首都機能移転の論議

こうしたメリット、デメリット論の交錯する東京一極集中だが、筆者はデメリットの解消こそが今後の日本を救うと見ている。だが、その方法となると、百家争鳴、いろいろな意見がある。

一つの代表例は首都機能の移転だ。確かに二〇年前、首都機能移転論議は盛り上がった。東京が首都でなくなる日が近いと思わせる雰囲気すらあった。

だがカネがかかる、首都文化蓄積への冒瀆《ぼうとく》（石原慎太郎元都知事ら）だと反対運動が起こり立ち消えになった。二〇〇三年（平成一五）に衆参両院の「国会等の移転に関する特別委員会」で「移転は必要だが、三候補地の中でどの候補地が最適なのか、絞り込めない」との中間報告を採択している。これが事実上の凍結宣言となり、その後国政での話し合いは行われなくなった。

いま国民の間では盛り上がりに欠け実現可能性は乏しいように見えるが、今回の新型コロナ感染拡大を機に再び首都機能移転の議論が自民党内で高まっている。昨年（二〇二〇年）六月、党内に「社会機能の全国分散を実現する議員連盟」が設立され、政府や企業の本社機能などを地方に分散させる議論が行われている。「東京に集中しすぎて効率が悪い」「スリムで稼げる東京をつくる」との結論を急ぐ。

また別のグループも「かつての首都機能移転論議は、費用負担が課題となったほか、移転候補地以外では盛り上がりに欠け、下火になった。今回は感染症対策でテレワークが広まったことも追い風だ」「感染症対策に伴うテレワークの普及が、地方への人の流れにつながる」、こうして東京一極集中を是正するというのである。

実現できるなら首都機能移転も一つの選択肢となろう。むしろ筆者は、大阪都構想を実現し大阪を副首都にすべきだと考えている。というのも、首都直下地震など大災害から国を守る危機管理には、物理的に離れた日本のどこかに新たに副首都を形成する必要があるからだ。大手企業も本社の分散化を進めている。副首都は一極集中型の国土構造を変え、事実上の首都である東京に災害やテロなどがあった際、首都の代替機能を果たす。集積力を分散し、いわば二つのレンズを持つ二眼レフの日本をつくる。

そのため法律上も大阪を副首都と定め、主要省庁の三分の一は大阪に移し副大臣が常駐するもう一つの霞が関をつくる。春・秋の国会開催も、春は東京で秋は大阪で開くなど立法部門の分都化も行う方がよい。副首都の形成の「見える化」も図るべきである。

東京を二割減反する

もっと本腰を入れ、東京一極集中の解消には「東京を二割減反」したらどうか。「減反」は耕作面積を減らす農業用語だが、ここでのイメージはそれに近い。一四〇〇万人東京を一〇〇〇万人東京へと人も企業も二割強減らす。その分を地方に回す。その誘導策を本気でやること。超肥満となり身動きのできなくなったマンモスは必ず死ぬ。いまの東京はそれに近い。これを筋肉質でスリムな、能力の高い東京に変えていく構造改革が不可欠だ。

それには一つ、ただ減らすだけでなく、集権的な統治機構の解体、四七都道府県を廃止し州に組み替え、「意思決定の仕組み」を変えることを加えることである。

いつの間にかこの国は一〇〇兆円を超える国家予算となり、一三〇〇兆円を超える借金大国になった。統治の仕組みも国は一府一二省の本省と多くの地方分部局、四七の都道府県庁と無数の出先機関、さらに二〇政令市と一七五行政区、一七一八市町村と多くの出張所という具合に三重にも四重にも折り重なり目一杯に行政機関が膨れている。この統治の仕組みを人口減少、身の丈に合わせシンプルに畳み直す。「日本畳み方革命」こそが、必要ではないか。これを筆者は「廃県置州の国づくり」と呼んでいる。

明治の「廃藩置県」が人口拡大期に備えた政治革命だったとすれば、未曽有の人口縮小期に備えたこれからの政治革命は「廃県置州」にある。日本を約一〇の広域州とし、それぞれの州政府を内政の拠点として自立できるよう大胆に分権化する。すると内外に競争関係が生まれ、日本に活力が湧き出てくる。結果、ムダは省かれ地方分散も進み増税は不要となる。これについては第Ⅵ章から第Ⅷ章で改めて論ずることにしたい。

もう一つ、大手の大学も定員を二割減反し地方分校をつくったらどうか。いま政府は、一〇年間で東京区部の大学定員を抑制しようとしているが、方法が間違っている。有名大学などで学びたい若者は多い。このやり方でなく、若者の「大手の有名大学」で学びたいという欲求と大都市の人口抑制を両立させる方法は他にある。例えば早稲田・慶応大や明治・青山学院・立教・中央・法政大（MARCH）など大手校に働きかけ、総定員の二割か三割を地方分校（慶大北海道校とか早大九州校など）の創設に振り向けるよう誘導する。税財政で支援してもよい。「東京の大学減反」をやるのだ。

さらに三つ目。新幹線、高速道、ジェット航空路の利用を事実上タダにすることだ。日本は米国カリフォルニア州一州ほどの小さな国であり、端から端まで行くのに一時間半とそう遠くない。そこに新幹線、高速道、ジェット航空網が張りめぐらされ、どこに行くにもそう時間はかからない。だがカネがかかる。これがバリアになって東京から人も企業も動かない。ここを直すとよい。

この点について、以下で少し詳しく論じてみよう。

国土にも定員がある

日本はこれまでと違い人口減少が激しくなる。人の住まない人口空白地域が二割、空き家が三割を超え、半数以上の市町村で人口が半減する時代がくる。もっとも人口減少でもGDP五〇〇兆円という現在の経済規模をAI、ロボット、ハイテク技術で維持できるなら、八〇年間経済成長はゼロでも豊かになれる。これまでの一億二五〇〇万人が暮らしやすいように整備した道路、橋、公共施設、住宅などを八〇〇〇万人で上手に使うなら、むしろ世界で一番豊かな国になる。

乗り物にも定員があるように、国土にも定員があるはず。これまでそうした見方はなかったが、この先、人口が三分の二まで減る流れは、超満員電車から快適な通勤環境の「定員」に向かっての揺り戻し現象と見ることができるのではないか。過密一〇倍都市東京を「過密ゼロ都市東京」、スリムな一〇〇〇万都市に変えることができたなら、日本は真の豊

図2－1　戦後の地域政策の流れ

～戦後の地域政策の軌跡～

所得倍増計画（1960年〔昭和35〕）に始まり、以後、農村工業法導入法→リゾート法→構造改革特区→まち・ひと・しごと創生総合戦略まで一貫して地方分散、地域再生を狙う。

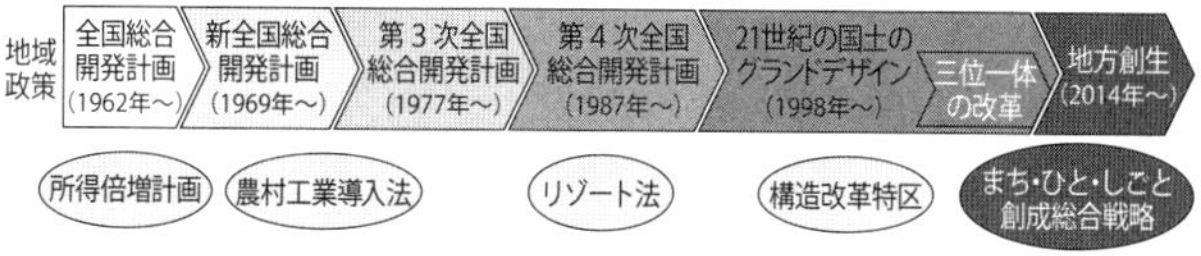

●第１次全総計画（地域間の均衡ある発展をめざし1962年〔昭和37〕）に策定。以後、第５次まで策定。全総計画までは多極分散型国土の形成が狙い。

●「国土形成計画」に転換～全総計画など「量的拡大」を図る開発を基調とする国土計画から転換。

	一全総	新全総	三全総	四全総	21世紀のGD（五全総）
目的	都市の過大化防止と地域格差の縮小	高福祉社会をめざし、人間のための豊かな環境を創出	地域特性を活かし、人間居住の環境の整備	多極分散型の国土の形成	多軸型国土形成の基礎づくり
開発方式	拠点開発構想	大規模プロジェクト構想	定住構想	交流ネットワーク構想	参加と連携
内閣	池田勇人内閣	佐藤栄作内閣	福田赳夫内閣	中曽根康弘内閣	橋本龍太郎内閣

出典：国土交通省各種資料

かな国に変わっていく。それがいま政治のやるべき最大の課題ではないか。

日本は戦後半世紀以上にわたり、工場等の地方分散を狙い、全国総合開発計画（全総、第一～五次）を進めてきた。様々な誘導策を講じ大きな予算とマンパワーを投入してきた。だが、狙いとは違い分散国家はできなかった。ただ幸い、その間に新幹線や高速道、空港など三大高速交通網が整備され動きやすくなった。ところがいまのままだと集権体制の温存でストロー効果が働き、その果実は東京に一極集中し地方は疲弊するだけだ。ふるさと納税だけでは変わらない。もっと大ぶりの改革が要る。分権改革を進め地方主権体制をめざす、広域圏を州とし内政の拠点にする、すでにある三大高速交通網の移動コストを公共管理で大幅に下げ、人、企業の動きを流動化するのだ。

テレワーク時代へアクセルを踏む

日本は米国カリフォルニア州一州ほどの小さな国だが、新型コロナの感染拡大は首都東京を直撃。人々は得体のしれない感染拡大に怯え、馬、船、徒歩時代の区割りの四七都道府県割の中で、知事らは「私のところにこないでください」「私のところから出ないでください」と叫ぶのが精一杯だった。極めて滑稽な姿にも見えた。モータリゼーションが進み網の目のように三大高速交通網が張りめぐらされ、経済も生活も広域化しているのに、旧来の行政体制の区割りの壁を高くし、それぞれが一国の気分で自分の城を守ろうとする。狭域で問題など解決するはずがない。感染対策はもっと科学的でなければならない。

コロナ感染の蔓延は大都市の「三密」状態が要因という点もはっきりしてきた。一極集中型社会の弱さが浮き彫りになった。これの解消なくしては第二、第三のコロナ感染に襲われよう。本腰を入れて三密解消政策に踏み出す時がきている。

幸い、これからのアフターコロナの時代を睨み、テレワークの急速な普及もあり、Uターン／Iターンなど若い世代の「地方への移住」の希望者が増える動きにある。

内閣官房まち・ひと・しごと創生本部の調査（二〇二〇年五月）によると、

①東京圏在住者の約半数が「地方暮らし」に関心を持っている。

②地方圏出身者に限れば六割が関心を持っており東京圏出身者の四割より高い。

この背景には都心のオフィスという場所に集まらなくとも、仕事が成り立つ環境が整いつつあることだ。移住候補地に東京圏と関東近郊の人気が高いが、やり方次第ではもっと広がる。面白いことに二〇〜三〇代の若い層は東京圏と地方圏が半々とされるが、四〇〜五〇代の中年層になると東京圏より地方圏の志向が強いという。都市部にはないライフスタイルと、自然の魅力に惹かれるからだという。

もう一つ、移住に関わる行動様式にも注目したい。ある意味、移住が進みにくい理由とも関わるが、社会保障・人口問題研究所の人口移動調査によると、東京圏生まれの人は九割はその後も東京圏に住む。東京圏に住む人は七割が東京圏出身で、若い世代ほど比率が高い。両親とも東京圏出身だと地方に住みたい比率は一％にとどまるという。二〇代以下の世代では両親とも東京生まれがほぼ半数。団塊の世代のように地方にふるさとがあるという世代ではなく、東京圏にふるさとがあるという世代が増加している。長らく転入超過が続き、地方と縁の薄い人が増えたことが地方分散を一段と難しくしている。

だが諦めてはならない。まず、移住促進に目をつけるべきは、東京圏に住む地方出身者だ。コロナ禍を機に地方への関心が高まったという層は地方出身者ほど多いのが事実。地方の人が東京で力を蓄え、Uターンしてその力を発揮してもらうのが地方活性化の近道かもしれない。そして次に東京圏出身者にも地方に目を向けてもらう策が要る。高校や大学の進学先に地方を選ぶ仕組みを組み込んだらどうか。古い話のようだが、戦前の旧制高校の仕組みはその動機づけのヒントを与えていると思う。有名進学校を地方につくったらどうか。

内閣府のインターネット調査（二〇二〇年五月）によると、通勤時間はテレワーク率の高い東京圏在住の人で特に減少し、このまま通勤時間の減少を保ちたいと答える人が七割に上るという。教育や金融、卸売業などで特にテレワーク率が高く労働時間も減っている。

この先、テレワークを拡大していくには「社内打ち合わせや意思決定の仕方の改善」「書類のやり取りの電子化」「社内システムへのアクセス改善」「社外との打ち合わせや交渉の仕方の改善」「社内外の押印文化の見直し」などが必要だ。さらに社員にテレワーク補助として通信費の半額を会社が出す、それを政府が経費として非課税にするなどソフト面の税誘導策も加えたらどうか。後押しの意味でも社会のデジタル化や政府の手続きデジタル化は待ったなし。その改革に政府は果敢に挑むべきである。

フリーパス移動社会の提案

さてそのうえでの話だ。本章の肝はここだが、もっと日本の国のかたちを変えることにつながる、これまで全くなかった「日本型フリーパス構想」の考え方を提唱したい。

日本列島をフリーパス移動社会にするという提案である。あるヒントを紹介する。二〇一九年一一月に「第一〇回白馬会議（超人口減少社会ニッポンの衝撃）」が長野県白馬村で一五〇名ほどの有識者が集まって開かれた。そこで筆者は、米国在住が長くミシガン大学教授（現在東京大学名誉教授）であった高齢社会研究者の秋山弘子氏とパネル討議をする機会があった。その中で氏は「日本列島をフリーパス人口移動社会にしたらどうか」と目からウロコのような「地方分散」の話をした。極めて分かりやすく、筆者の発想を深めてくれた話なので少し長めだが紹介する（『白馬会議報告』六八〜六九頁）。

（中学生のような乱暴な議論ですが）日本は過密地帯と過疎地帯というのが非常に分かれている。それは非常に大きな問題で、過疎の問題もそうなのですけれども、東京一極集中もそんなに人間が住みやすくないですよ。あまりにも過密で。

特に高齢者が増えるというので、どうにかしてシニアの方を外に出そうと思って、CCRC（高齢者が元気なうちに地方に移住して活動し、医療・介護が必要になっても同所で継続的にケアを受けられる拠点施設）とかそういう企画を打っていらっしゃるが、地方創生も含めて何か私のような生活者レベルから見ていると、あまりうまくいっていない。いきそうにないというのが直感なのです。

それよりも、私はそういうところで結構なお金、交付金を出している訳ですけれども、日本は全体としてアメリカの一州ぐらいの小さな国な訳です。端から端まで行ったってそんなに遠くない訳で、しかもそこに新幹線とか高速道路を張りめぐらして、どこに行くのもそんなに遠くない。時間はかからない。だけれども、お金がかかるのです。時間はかからないけれどもお金がかかるという問題なので、ＣＣＲＣとか地方創生とか、そういうお金で移動手段をほとんど無料に近くする。だから山手線に乗るぐらいの感覚で新潟でも新幹線で行けるしどこでも行けるというふうにして、しかも働き方改革をして柔軟に、毎日何も本社に出勤しなくても、上場企業の四〇％ぐらいの仕事というのは、大体ほかのところでもできる訳なので、そういうどこでもいつでもできるようなという、そういう働き方改革をぐっとやれば、若い人たちが外へ出ると思うのです。

いま大体夫婦で働いているから、東京でもどんどん中の方にタワーマンションの五十何階で二人の子どもを育てているなんて、非常に異常なことをやっているのだけれども、それよりも一時間も新幹線で出れば、本当に広々とした家があって自然がある。そこのところで子どもを育てたい。そんなふうにして若い人たちが出ると、そこに学校ができて、サービスが産業ができてというふうになって、シニアももう孫たちがいるんだったらそっちへ移るということになって、分散していく。だからシニアを外に出すのではなく、若い人たちを外に出す方策をとったほうがいいと思うのです。

高速道路会社はほとんど無料にしろ、JRの負担で無料にしろというのではなくて、税金を使っていいと思うのです。新幹線もちょっとした電車賃並みにする。そうすれば日本中に若い人たちが満遍なく住んで、日本の再構築になるのでは――と。

この話は東京減反を唱える筆者も全く同感である。米国カリフォルニア州一州の面積しかない狭い国・日本は職住近接、地方の人口定着をめざし、戦後に高速道、新幹線、ジェット空港の三大高速交通を網の目のように整備しほぼかたちも整ったが、しかし利用率が伸びないのである。

しかも中央集権体制のまま、大企業の本社の多くが東京に集まっているので、高速インフラを整備すればするほどこれを通じてストロー効果が働き、ますます東京集中が進んでしまう。この構造を断ち切らない限り、三大高速交通網の整備が分散化につながらない。

日本型フリーパス構想を

新幹線、高速道、ジェット航空の三大高速交通網の移動コスト（運賃）を実質タダにする。そのことで人や企業の流れを大きく変えることができる。これを「日本型フリーパス構想」と呼ぼう。これを真剣に検討する段階にきているというのが筆者の見方である。

日本でも乗り物のフリーパス（切符）は相当多方面で使われ始めている。例えばＪＲ北海道は道内の特急・急行・普通（快速含む）列車の普通車自由席およびジェイ・アール北海道バスを七日間乗り放題、普通車指定席も六回まで利用できる切符を二万七四三〇円で売っている（二〇二一年二月時点）。

こうしたフリーパスの発想を三大高速交通網全体に適用し、企業や人が自由に動ける日本列島を創るという考え方だ。大胆に言うと新幹線、高速道、航空機の運賃を国や都の負担でタダにするのだ。そうすると人も企業も広い範囲に散らばる。いま行っているような、無理やり補助金、助成金で企業や人を押し出しても一過性の動きにとどまる。若者を集める大学の新増設を区部で一〇年認めない措置をとるなどしているが、それもかつて工場等制限法で経験済みの話でうまくいくはずがない。そうではなく「水は低きに流れる」この自然の法則を分散への誘導策として使うことだ。

いまの三大高速交通網のままだと宝の持ち腐れだ。普段の利用率は低く赤字続きなのだ。ではどうするか。「東京二割減反」の話と絡むが人も企業も大学も二割強減らす。その分を地方に回す。東京都で四〇〇万人、東京圏全体で七〇〇万人を減らし、地方へ移住させるのである。秋田県の規模の県が七つ地方に増える勘定だ。相当の大きな改革ができる。狭い日本は三大高速交通網がよく整備され端から端までの移動にそう時間はかからない。だが、カネ（費用）がかかる。これがバリアとなり東京圏から企業も人も出ない。ここを直さないといけない。

三大高速交通網の実態について筆者なりに調べてみた。コロナ禍の影響のない数年前のざっくりした平均値で言うと、現在、本州新幹線部門のJR三社、JR東日本、同東海、同西日本での運賃総収入は年間約二兆三〇〇〇億円に上る。高速道路は東日本、中部日本、西日本に首都高、阪神高速を加えての料金総収入は概ね二兆七〇〇〇億円。航空機は小規模を除きJAL、ANAの国内線に限ると概ね年間一兆二〇〇〇億円の運賃収入だ。この三つの高速網の年間運賃収入はざっくり六兆二〇〇〇億円という計算になる。JR九州などを加えても七兆円程度が移動コスト（運賃負担）と見ることができよう。

これを国（一部は都）で負担したらタダで利用できるようになるという話である。

では税金の何で負担するか。いま私たちは日常利用するガソリンについて揮発油税として一リットル当たり四八・六円、地方揮発油税五・二円（合計五三・八円）を払っている。その年間合計は約二・二兆円（二〇二〇年度）。もともとこれは道路（建設）特定財源として使われていたが、二〇〇九年四月以降は教育や福祉、借金返済にも振り向けられるよう一般財源として扱われている。概ね道路整備は一巡している。当初の道路利用関連税という趣旨を活かすなら、この税を「つくる」から「利用する」に振り替える転換ができるのではないか。つまり二・二兆円を道路利用者がタダで動けるように使うのである。

さらに政府は、農林水産業の六次産業化など地方創生に五兆円以上のカネをかけている。だが、パッとしない。もっと生きたカネの使い方を考えるべきだ。また狭く地価の高い東京での再開発コストは非常に高い。ムダな投資と言えなくもない。

そんなことより、これらのカネを広域分散が進むよう、移動コストの削減に振り向けたらどうか。例えば地方創生費の半分、二・五兆円を分散化促進のための移動コスト削減負担金に回すとか。

消費税についても社会保障や教育というソフト行政の分野だけでなく、ハードインフラの有効利用を促進するカネとして、例えば一％相当分の二・五兆円を移動コスト削減負担金に振り向けたらどうか。過密都市東京の再開発予算は膨大なものだが、これから「老いるインフラ」対策が必要だとしても、過密で高地価の地域の再開発より郊外圏のオフィス集積のために五〇〇〇億円程度回したらどうか。

すると七兆円近い財源をつくることができる。それで現在の三大高速交通網分、六・二兆円（ほかを加えてもざっくり七兆円）の運賃相当分を賄うことができよう。

実現するのには政治の決定が必要だが、いずれにせよ分散化を総力戦でやることだ。

高速交通網沿線に新たなオフィス街ができる

こうして鉄道、道路、運輸各社に公費を投入し企業、人がタダ同然に動けるようにすると、本社は東京でも新幹線沿い、高速道周辺、地方空港周辺に様々な支店、サテライトオフィスが集積し人も企業も事務所も動くようになる。

これを筆者は「日本型フリーパス構想」と名付けたい。人口八〇〇〇万人時代になると不要なインフラも増えよう。そうしたものを精査しカネのかからない利用を考える。高度なハイテク技術で労働生産性を上げ現在のＧＤＰ五〇〇兆円を維持する。すると、世界で一番豊かな国ができる。人々は文化、芸術を楽しみ、ゆとりある暮らしに向かう。次の時代、活力ある高度産業国家日本の姿はここにある。

一部には高速道に車が増えると渋滞が心配だという声もあろう。現行では確かにそうだ。高速道の渋滞の原因は料金所を所々に設けて流れを止めていることもある。フリーパスにすると料金所が必要なくなる。すると渋滞は大幅に緩和される。

図2－2　日本型フリーパス構想

1．東京一極集中を解消～東京２割減反政策（人、企業、大学）へ
2．これまでの全総計画（第１～５次）、誘導策では実現できず
3．幸い、３大高速交通網（高速道、新幹線、ジェット空港）は完備
4．だが、中央集権体制のままではストロー効果が働き果実は東京へ
5．現在３大高速網は宝の持ち腐れ～移動コスト高く東京から動かず
6．思い切って３大高速網の運賃をタダにする☜ガソリン税や地方創生費で
7．すると、人、企業、オフォス、大学も動き出し分散の流れができる
8．米国のフリーウェイの現実を見よ！沿線オフォスが分散立地

要は血流をよくする方法を考えれば、高速道を利用した沿線開発は相当広範囲、遠距離まで可能となるのである。道路会社がサテライトオフィス、オフィス開発、さらに住宅開発、まちづくりにまで手を出せるよう大幅に法的に規制緩和をする、支援の融資制度を創設するなどでサポートするとよい。

いま鉄道会社も道路会社も、住宅開

発や駅ナカ利用など様々なビジネスに手を広げている。ノウハウも相当蓄積されてきた。すでに鉄道会社は、IT・Suica事業を擁する「その他」事業でタクシーや飲食店、郵便局への導入を進めるなど、ICカード使用店舗の拡大に取り組んでいる。また駅ビル・駅ナカでのキャッシュレス支払いの際に「JR Eポイント」の還元率をアップする独自キャンペーンを実施するなど、電子マネーの利用促進に向け取り組み、成果を上げている。「不動産・ホテル事業」では地域とともに町の魅力や価値を高めていく「くらしづくり（まちづくり）」を意識した開発を進めており、二〇一九年には「渋谷スクランブルスクエア第I期（東棟）」や「JR東日本ホテルメッツ秋葉原」などを開業している。

こうした流れを加速することだ。特にオフィス開発は高速道路沿い、新幹線駅周辺、さらに地方空港周辺にどんどん立地できるよう大幅に規制を緩和し、支援策をとるべきだ。そうすると企業、事務所、人の分散する立地インフラが整ってくる。本社は東京でも新幹線沿い、高速道路沿い、地方空港周辺に様々な支店、サテライトオフィスが集積し人も企業も動く。〝水は低きに流れる〟。立地コストが安く環境がよければそこが集積地になる。

こうして東京圏は仙台、名古屋まで、大阪圏も名古屋、広島まで拡がる。呼称はともかくグレーター東京、グレーター大阪が一五〇キロ圏レベルに広がろう。こうして三密問題は解消される。大都市圏から地方都市、農山村に移り住む若い人も増えるかも知れない。地方のオフィスと都会の自宅を往来する二拠点生活者も出てこよう。こうして地方分散が進み日本は元気を取り戻す。

また滋賀県の面積を凌《しの》ぐ広大な耕作放棄地が日本列島に生まれている。これを解消するため時間の余裕のできたサラリーマンを兼業就農化し、食糧自給率も上げたらどうか。地方自治体が優れたまちづくりを競えるよう、国は大胆に権限・財源を地方に移譲し、医療や福祉、住宅、商業、教育などの充実したまちづくりができるよう支援することだ。道路会社もオフィス開発に進出できるよう大胆に規制緩和することである。

こうして次世代に向け、東京一極集中は解消し「新たな国のかたち」が生まれてくる。

「脱三密都市宣言」を出せ！

もっとも、この「日本フリーパス構想」は極めて魅力的だが、過去にも似た話があったではないか、という批判もあろう。日本中に空港や新幹線、高速道が整備され始めた当時、推進した政治家たちの言い分は、「移動時間が減って便利になれば地方が活性化する」だったはずだ。しかし、現実に起きたことは逆になっているではないか。どこでも日帰り出張ができるようになり、仕事の拠点は東京にますます集中し、地方の衰退はさらに深まった。なので、当該フリーパス構想のように「移動コストがゼロになれば二の舞にならないか」との指摘である。

確かにその懸念がない訳ではない。だが、中央集権体制を維持したままで高速交通網が張りめぐらされた時代と今は大きく異なる。分権化が進み、オンライン、情報ネットワークが高度化し、テレワーク方式も定着し始めている。しかも過密の弊害が思わぬコロナ感染症の拡大を引き起こしている現実が、いかに異常かを多くの国民が認識し始めている。

変わるキッカケは揃っている。ここで分散化のアクセルを踏まないと首都直下地震などで再生不能な日本になってしまう。そうあってはならない、そのための提言である。

残念だが、いま東京をどうするかを真っ当に議論する公式の場がない。そのこと自体が問題だと筆者は見る。日本の首相も首都の都知事も東京を問題視しながら何ら手を打たず、互いに批判し合っている。これは不幸な姿であり政治の怠慢としか言いようがない。

そうではなく、国も都も手を取り合って「脱三密都市宣言」を出すべく骨太の国家政策を構想すべきである。その一つが筆者の言う「日本型フリーパス構想」だ。東京の都市経営、都市政策のあり方は日本の経営、日本の国のかたちに直結する話である。

行政区分でいう四七分の一が東京都ではないし、四七人中の一人が都知事ではない。都民！　都民！　とばかり叫ぶ都知事は首都の都知事ではない。首都は国民全体の都市である。東京をどうするか、東京圏をどうするかは国家的課題であり、東京の経営をどうするかは首都の視点から国民的な課題だ。狭量な判断に陥りがちな四七都道府県という旧体制を解体し、新しい一〇州の新体制を構築する。その方向に合わせ日本型フリーパス構想を実現に向け動かしたらどうか。

第Ⅲ章　東京の政治は大丈夫か

回転ドアのような都知事

東京一極集中を問題にしたが、その舵取り役の東京都政はどうなっているか。そもそも都知事は一極集中の解消など考えておらず、ひたすら東京を強くする、何でも東京に集めることに意欲を燃やしているのではないか。首都政治の自覚があるのかどうか疑わしい。

コロナ禍対応一つ見ても、GO TO トラベルで東京発着の旅行者を止めるかどうかで国と不毛のつばぜり合いを延々と演じ（判断、責任のなすり合い）、結局、判断時期の遅れで感染をより広げてしまった。首都の知事は四七分の一の知事ではない。日本全体を見ながら判断すべきで、地方の知事のように「県民」「県民」と言っていればよい訳ではない。毎日大量の人々が入れ替わり立ち替わり内外から出入りする首都の特性を認識するなら、真っ先に「東京由来」と言われる感染源を断つことに注力すべきである。こうしたリーダーシップをとれない都知事が、次々に入れ替わってきたのが、東京のこの一〇年間だ。

どう見ても首都の政治がおかしい。都知事が「回転ドア」のように変わる。この一〇年の間に都知事が四人も代わった。それまで都知事は三期一二年務めることが多く、任期も安定し、四年に一度巡ってくる都知事選は統一地方選の華だった。

だが、二〇一二年一〇月に石原慎太郎が四期目途中で国政復帰を理由に辞任すると、後継の猪瀬直樹が一年、舛添要一が二年四ヶ月で辞任、そして小池百合子へと回転ドアのようにバトンタッチされている。一三年前の石原都政三期目までは任期満了選挙が続き、四月の統一地方選の注目の的だった。

しかしその後、回転ドアのように都知事が交代する事態になった。現都知事の小池百合子はなんとか一期目を任期満了し、昨年（二〇二〇年）七月に再選されているが先行きは分からない。常に国政復帰の機会を窺っているような動きも見られる。政治は、一寸先は闇、何が起こるか分からない。

戦後の都知事は一九四七年から九五年の鈴木俊一までの半世紀、官僚と学者出身が交互に就き、任期も安定していた。だがその後、猪瀬を除き青島幸男、石原、舛添、小池と国

図3－1　最近20年の都知事一覧

在任期	知事と主な施策	在職日数
1期	青島幸男（1995年4月23日～1999年4月22日） ・世界都市博覧会中止　・リサイクル都市構想	1461日
3期 ＋ 1年半	石原慎太郎（1999年4月23日～2012年10月31日） ・ディーゼル車排ガス規制　・新銀行東京設立 ・新公会計制度　・東京マラソン開催	4941日
1年	猪瀬直樹（2012年12月18日～2013年12月24日） ・2020年東京五輪の招致実現	372日
2年 4ヶ月	舛添要一（2014年2月11日～2016年6月21日） ・五輪施設の経費削減　・「東京防災」ブック配布	861日
4年半	小池百合子（2016年8月2日～現在） ・待機児童対策　・豊洲市場移転、五輪の延期	1645日

会議員出身者が就くようになってから、都政は混乱の時代へ入ったように見える。

二〇一〇年代、あたかも都知事の「リレー競技」でも見ているかのようだった。それも落ちつき、二〇二〇東京五輪へ動くかに見えた矢先、新型コロナ感染の大流行に襲われ、五輪は延期され、都政はコロナ対応一色に染まった。それから一年あまりが経つ。

一期目の小池都知事はメディア向けの派手なパフォーマンスが目立った。豊洲市場の移転延期を打ち出したかと思えば、今度は「築地の再活用だ！」「国際会議場だ！」と思いつきのような施策を打ち出す。しばらくするとそれも消える。そんなドタバタ都政に翻弄されたのは誰か、言わずもがな東京都民である。

そうした混乱が続く間に、東京はニューヨーク、ロンドン、パリと並ぶ世界都市から陥落し、極東アジアの一地方都市になってしまった感がする。内にあっては人が老い、インフラが老い、大地震や集中豪雨の災害危険度が高まっている。東京五輪・パラリンピックの準備が都政の話題の中心をなし、都政の内部過程、知事のハンドリングの拙《つた》なさや都政の停滞は陰に隠れてしまってきたが、ポスト五輪の都政はそうはいかない。

都政においては地味ながら日々の都民生活を守り、大都市の安全を確保していく、そして首都として地方にも目配りした東京づくりを進める、それが仕事だ。この先、〝長期戦略のある都政〟に回帰できるかどうか。

「もう一つの政府」とも言われ、スウェーデン並みの予算規模一五兆円、そして職員一七万人と日本の地方自治体ではダントツの巨大な都政だが、トップリーダーが次々に代わる事態は何をもたらしてきたか。

第一は、都政の継続性の欠如だ。もとより生活に関わる自治体行政を担うため、業務の八割方はルーチンワークで、トップがどうあろうが行政の継続性という点では影響ない。

しかし、都知事が決断すべき重要な政治争点、ビッグプロジェクト、羽田空港拡張工事など国との交渉が絡む「政治マター」の問題は、都政トップが不連続となることで混乱した。〝ガバナンス（舵取り）なき都政〟に堕《だ》したこの一〇年。石原四期目には尖閣諸島の購入を打ち出すなど、およそ都政のテーマではなさそうな政治家としての思いを独裁的に打ち出すなど政争の具のようになってきた。

第二は、組織運営、職員への影響だ。民間の大会社も同じだが、トップが頻繁に代わり事実上「不在」となると、大組織の統合力は落ちる。職員はバラバラになる。知事のリーダーシップは部下のフォロアシップが嚙み合ってこそ発揮される。小池都知事は、石原都政時代の豊洲移転過程を「ブラックボックス」と批判し、「いつ・どこで・誰が決めたか」に答えられない幹部を次々懲戒処分に付した。

この「見える化」を売りにしたはずの小池都知事も、築地再回帰、国際会議場建設など築地跡地利用が転々と変わる。「いつ・どこで・誰が」を問うと、「私のAI（頭脳）で決めた」と独断の返事しかない。こうした姿勢を見せられると、職員の士気は落ちる。「誇れるわれらが社長」がいないのと同じように、職員の知事離れを生み、都知事の回転ドア交代によってその現象がさらに深化した。

第三は、都民生活への影響だ。定形業務や行政サービス、工事など日常の都民サービスには影響しないが、都民の都政に対する信頼感の低下（＝不信感の高まり）が生じる。都民は、初の女性都知事誕生に、閉塞感の打破を期待した。しかし、就任一年足らずで民進党（当時）を丸呑みするかたちで〝希望の党〟を立ち上げ、自ら党首として衆院選に打って出た。都政より国政に向かうその姿を見て都民は失望した。保身から都知事辞任はなかったが、希望の党惨敗後の小池都政は鳴かず飛ばずの日々が続いてきた。

猪瀬、舛添と二人続けて短命に終わった都知事の失敗要因は、「政治とカネ」の問題だった。率いる組織の巨大さがトップの「慢心」や「傲慢」な態度を生み、「都民から遊離した」都政運営につながったように見える。もし肥大化した組織に元凶があるならば、この先、都政は「適正な規模」への大胆な刷新が必要となろう。「大きすぎる都政」に、財政面・行政面・組織面からメスを入れなければならない。

この一〇年続いた「五輪都政」は本来の姿ではない。イベント都政にすぎない。「お祭り都政」と言い換えてもよいが、この先はお祭り都政ではなく、トップマネジメントが安定し、都知事が都政全体の総力を引き出しながら都民重視の都政をつくっていく、そこが課題となる。今後の都政を見るために、二〇二〇年の都知事選を振り返る。

二〇二〇年都知事選は無観客？

二〇二〇年夏、本来なら日本は東京五輪・パラリンピックの開催に沸き立っていたであろう。世界から多くの人が集まり、七月二四日～九月六日、夏の暑さも忘れるようなメイクドラマが生まれ、世界屈指のアスリートの熱い戦いに躍動感を覚えていたかもしれない。

だが、事態は一変した。世界との行き来も国内での行き来もままならず、「外に出ないでください」「ヨソからこないでください」と叫び続ける日々に。新型コロナ感染症の地球規模での蔓延である。オリンピックはおろか、私たちは日常も奪われてしまった。

そんな中、いつ始まり、いつ終わったか分からない選挙があった。二〇二〇年七月五日投開票の都知事選である。現職を含め史上最多の二二人が立候補。首都決戦はかつて〝地方選の華〟と言われてきた。確かに今回も数だけはそう見えるが、中身は貧弱な「一強多弱」の選挙だった。政策論争なし、改革論争なし、都知事の資質を問うことなし、素顔さえ見ることもないまま現職の小池百合子が再選された。

〝キャッチコピー都政〟とも言われた小池都政の四年間を検証することもなく、コロナ対策と五輪延期の有無が争点とメディアが設定しそのまま終わった。その目先だけの争点設定が適切だったか。仮に適切だったとしてもそれをめぐる争点の掘り下げがあったか。コロナ対策と称し、国と同様に都もカネをばらまいた。直接給付型の行政は効果がないとされながら、緊急事態と称し全体にカネを配った。その上積みを求める候補者たち。「論争なき、無観客の消化試合」のような都知事選ではなかったか。筆者はそんな印象を持った。

この一〇年で都知事選は五回行われている。これ自体異常だが、そのたびに五〇億円ずつかけてきた。よく選挙に出る行為を「出馬する」と表現するが、都の一一四四万有権者（二〇二〇年六月一日現在）は今回も五〇億円払って馬券を買い、都知事選を観戦した。

鼻の差でゴールを競り合う、それが競馬の醍醐味だが、今回の都知事レースはスタート地点から一頭だけが飛び出し、あとは団子レース。みるみる距離は広がるばかり。知らぬ間に予定の一七周（日間）を終え、気がついたら花束を手にする優勝者がインタビューに応じていた。街に捨てられた賞金ゼロ馬券の山、戦わずして勝った勝利者の笑顔、あまりにもそのギャップが大きかった。筆者にはそう映った。読者諸氏はどう見たか。

未だコロナ禍中で「思考停止」が続く東京だが、世の動きは待っていない。老いる東京、進む少子化、東京一極集中、災害リスクの増大、襲う大不況と、課題は山積している。

投票行動の分析から見る

二〇二〇年都知事選の選挙を分析してみよう。現職の小池百合子が三六六万票を得て再選された。これは猪瀬直樹（二〇一二年）の四三三万票に次ぎ、これまでの美濃部亮吉（一九七一年）三六一万票を抜き、史上二位の得票とされた。今回の都知事選は投票率五五・〇〇％で前回（五九・七三）より四・七三ポイント下回った。とはいえ、コロナ禍の異常な環境下での選挙、予想以上に高かったと言ってもよい。

今回一〇代、三〇代の投票率は低かったが、六〇代、七〇代の投票率が高く、しかもこの年齢層は小池支持が多かった。加えて女性投票者の約七割が小池に投じた。その結果が三六六万票であり、小池が五九・七％の得票率だった。

前回（二〇一六年）の小池百合子、増田寛也、鳥越俊太郎が三つ巴《どもえ》で戦った都知事選では、小池が二九一万票だった。それに比べ今回七五万票増えた。得票率も四四％から約六〇％に上がった。今回、二位以下の宇都宮健児、山本太郎、小野泰輔など主要三候補の合計得票数（二一二万票）を一五四万票も上回っていることから、小池百合子の「圧勝」と言ってよい。

図3－2　2020年都知事選の結果

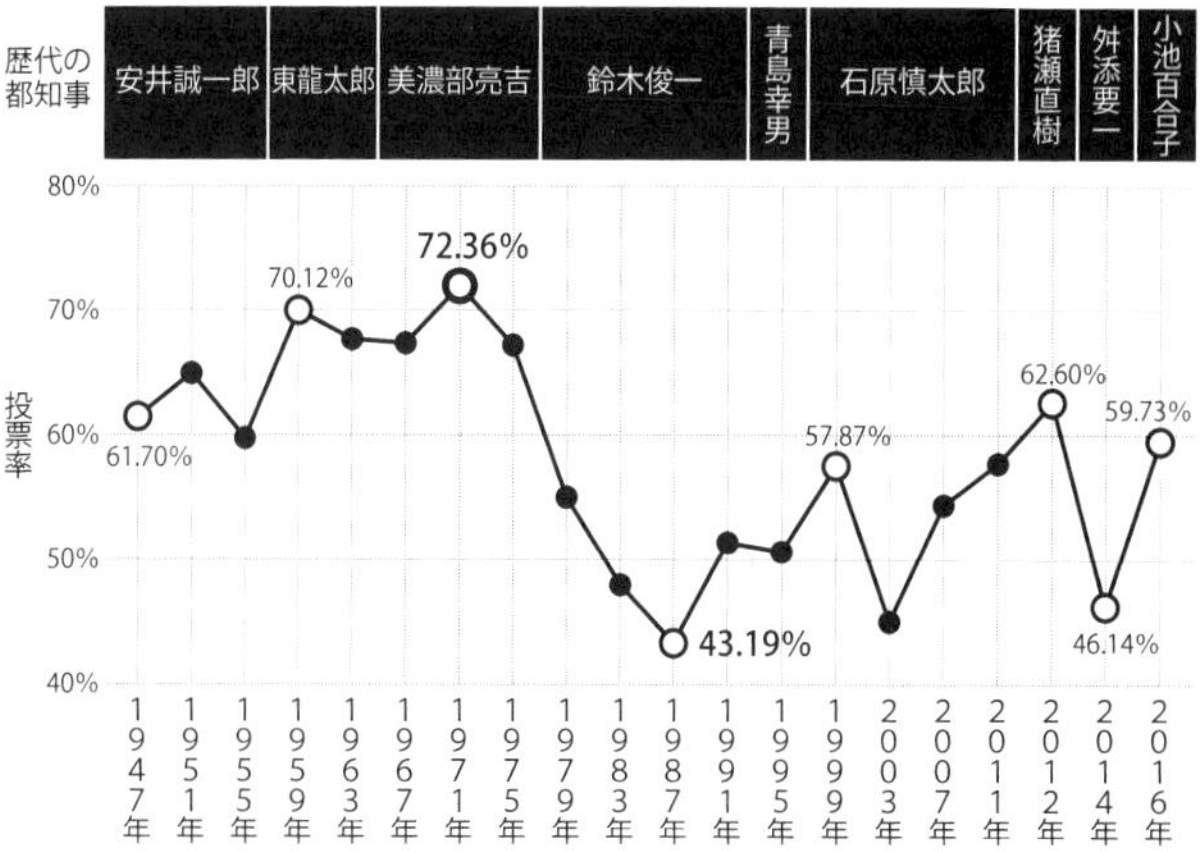

（都選管データより）

今回の都知事選はコロナ禍の異常事態が続く中、有権者は「変化」より「継続」を求めた。もっと正確に言えば、現職候補者、政策などほかに選択肢はなかった選挙であったとも言えよう。

そうなった理由は、一つに世界的広がりを見せる新型コロナウイルス感染症が猛威を振るう中での選挙だったことだ。感染を恐れ、期日前投票が一五％と膨れたのもその表れである。

もう一つは首都決戦と言いながら、政権与党自民が対立候補を立てず、早々に戦場から消えていったことだ。四年前、小池と激しく争った自民党はどこへ消えたのか。野党も同じである。

もちろん選挙は〝人を選ぶ〟ことも大事だが、それ以上に〝政策を選ぶ〟大切な機会である。その機会を有権者から奪った主要政党の罪は重い。

都知事はかつての学者、官僚出身者と異なり、最近は国会議員出身者が就くように変わった。一九九五年の青島幸男以降、猪瀬直樹を除き、石原慎太郎、舛添要一、そして小池と長年国会に議席を有し自民党総裁選で敗れるなどしたベテラン議員が都政に転じている。その結果、都政は国政の「場外戦場」のようになった、政治ショーの場になった。自身の政治的欲望を満たす場に変じた、という印象が強い。それは筆者だけの印象だろうか。

都民の安心、安全を守る行政トップの都知事のあり方について再考が必要ではないか。目先のワンイッシューだけでなく、もっと広く深い構造的な問題が横たわっている。例えばコロナ禍対策にしても、医療体制の充実にスポットを当て、街の経済を取り戻すのにカネを配る風潮にあるが、都民の願いは「感染者ゼロ」「マスクが要らない日常を取り戻す」ことではないか。With CORONAと称し医療体制を確保すればそれでよいとするが、それは行政上の都合にすぎない。そうではなく、なるべく早く元の日常を取り戻す、それに英知を絞るのが都政の役割ではないか。それこそが本当の「都民ファースト」だ。

ここ一〇年間「五輪都政」と称し、都政は都民ではなくイベント準備に傾斜している。外向けの政治ショーに走る政治家が都知事に就いた弊害もそこにある。軌道修正すべきではないか。だが、この先はそうはいかない。五輪都政は本来の都政ではない。イベント都政にすぎない。これからが本番である。都知事は政治家であり、経営者であり、外交官である。この三つの役割をキチッと果たせるかどうか。この先、選ばれる知事は①経営者として巨大都庁のガバナンス（舵取り）にしっかり当たる、②様々な領域に広がる「老いる東京」問題の解決に本腰を入れる、③膨れるだけ膨れ上がった都政をスリム化し、分権化の視点から都区関係を見直す。そうした都政の構造改革に挑むことだ。

都庁はスウェーデン並みの一五兆円予算、一七万人職員という巨大さを誇るが、大きいことがいいことだという時代は終わっている。上下水道や交通など本来市町村が担うべき仕事が都政の三分の一を占める。こうした公営企業部門はもう「民営化」したらどうか。

事業官庁の色彩の強い都政である。それよりも政策に強い都政の構築、事業官庁から政策官庁への脱皮をめざすことが次の都政像ではないだろうか。そして首都の政治は日本全国も視野に入れて行われるべきで、東京一極集中解消は不可欠である。

振り子の働く都政

歴史上、都政はこれまで政策論争の上に成り立ってきた。知事が代わるたびに経済重視・ハード重点か、生活重視・ソフト重点かの振り子が働き、政策の組み立てが変わってきた。米大統領が交代するたびに民主党、共和党の政治スタンスも交代する。それに似ている。ただ、いまの小池都政は五輪準備が重なったこともあろうが、想定される生活重視・ソフト重点ではなく、従前の経済重視・ハード重点の石原都政を引きずったままのようだ。

厚生労働大臣を経験した前任の舛添要一率いる都政が生活重視・ソフト重点に移行しかかったが、政治とカネの問題で途中降板しうやむやになった。その後を引き継いだ小池都政は意味不明の「東京大改革」と大見得を切ったが、中身は情報公開にとどまった。それも最近は政策決定過程がブラックボックス化し、情報公開も後退している。

この先、大都市東京はかつて経験のない「老いる東京」問題に遭遇する。何百万人もの高齢者に対し医療や介護、福祉、年金などの社会保障を担保し、道路、橋、公共施設、地下鉄、上下水道などの「老いるインフラ」の更新が大きな課題となる。どれも膨大な費用を要する話だ。それをどう生み出すか。都政に強い行革が求められよう。これからの都知事は好むと好まざるにかかわらず、「生活重視・ソフト重点」へ大胆な政策転換を迫られ、改革都政に手を染めることになろう。そうしないと「老いる東京」は乗り越えられない。

横たわる深刻な構造的問題

歴史上、二〇二〇年以後、東京は大きなターニングポイントを迎える。二一年首尾よく東京五輪が実施でき、ある程度の日常が取り戻されても、その先、人口減が本格化し経済の低迷が構造化しよう。これから東京そして都政は「老いる東京」、「東京一極集中」、「都財政破綻の危機」を克服することが基本的な課題になる。それぞれについてふれよう。

第一の「老いる東京」問題。あと四年すると〝団塊世代〟すべてが七五歳を越え、六五歳以上が四人に一人となり医療、介護、年金等の社会保障が大変になる。若者が住む街をイメージしてきた東京が急速に老いる。経済活力をどう維持するかも課題だが、独居老人が四割を占め賃貸アパートに住む人も多い。道幅の狭い木造密集地帯に群れる高齢者も多い。孤老死などが社会問題化してこよう。

この先、年金が切り下げられ、消費増税など税負担が重くなると、それに耐えられないお年寄りは街に溢れ出る。圧倒的に不足する介護など高齢者向け施設、マンパワーをどうするか。広域の東京圏で本格的に対応する手立てを講ずる必要性が急速に高まっていく。

一方、インフラも老いる。先の五〇年前に開催された五輪の頃、集中的に整備した道路、港湾、橋、上下水道、歩道橋、学校、公共施設、地下鉄、鉄道、首都高など多くの都市インフラが一斉に寿命（耐用年数五〇年）を迎える。それは更新にせよ、廃棄にせよ、膨大な費用と時間がかかる。しかも人口減や移住の進行で人口規模がどうなるか読めなくなる。どの規模で更新するのが適正か、誰も分からない。

インフラ素材がコンクリート、木材、鉄だけに脆《もろ》くなっている。最近、気候変動で集中豪雨や台風、地震などが増えている。首都直下地震も怖い。ある日突然、その脆さがわっと表に出る。一気に崩落し、大惨事につながる可能性もある。これを避けるには地道にカネをかけて計画的に更新し、都民の安心、安全を確保する。それが都政の役割だ。

第二は「東京一極集中」問題。コロナ禍で傷んだ東京をどう復活させるか。在宅勤務やテレビ会議などを経験し、毎日満員電車で都心に通う必要性を感じない人々も増えた。そうした中、これまでのような東京一極集中のままの復活なのか、違う「新たな東京」としての復活なのか、よく考えなければならない。

図3－3　東京改造の図式

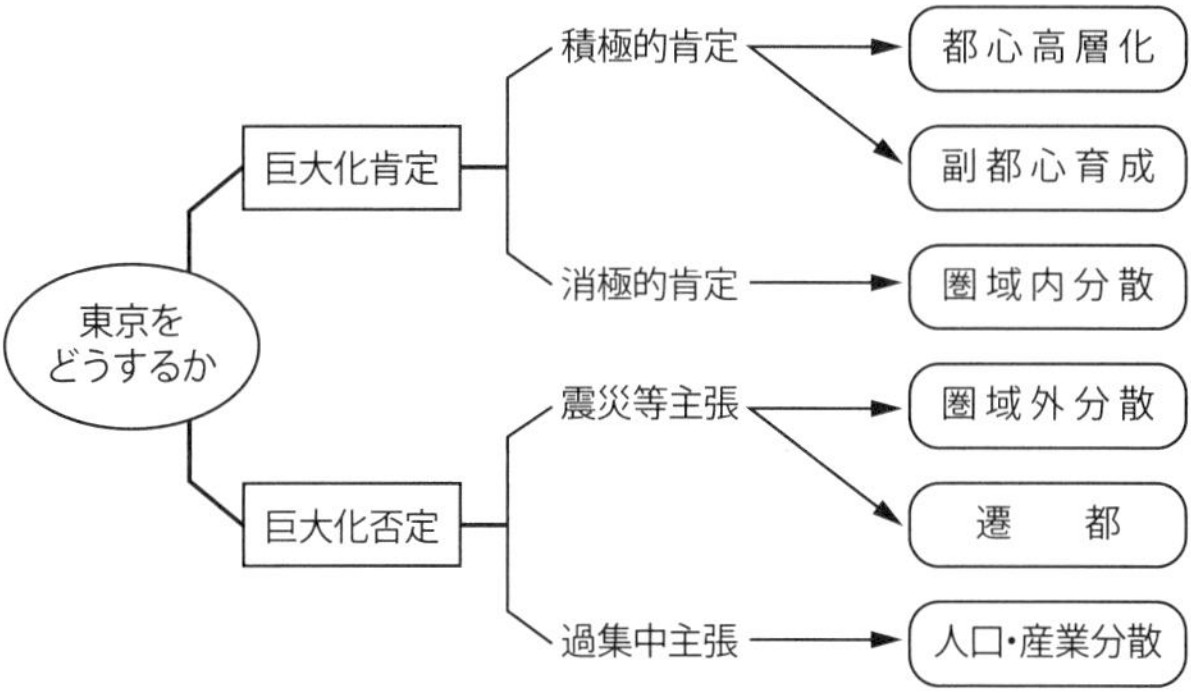

（佐々木信夫『都庁』岩波新書、1991年より転載）

確かに東京は日本を牽引する機関車であり、国税収入の四割も稼ぐ〝稼ぎ頭〟に違いない。しかし、三密都市の「東京リスク」が高まっている。東京の限界を見極めなければならない。

東京をどうするか。戦後七〇年あまり、都政は東京の「巨大化」を肯定する都政でしかなかった（上図）。だが今後、巨大化を否定する視点も必要ではないか。量より質を高める東京政策の構築だ。その方法にはいろいろあろう。

前章でも述べた通り「東京二割減反」はどうか。人も企業も大学も二割減らす。その分を地方に回す。その誘導策を本気でやることだ。超肥満となり身動きのできなくなったマンモスは死ぬ。いまの東京はそう見える。体重を落とし、筋肉質でスリムな質の高い東京に変えていく構造改革に挑む時ではないか。先述したように、新幹線、高速道などを実質タダにしたらどうか。日本は米国カリフォルニア州一州ほどの面積しかない小さな国。幸いそこは三大高速交通網がよく整備され、端から端まで行くのにそう遠くない、時間もそうかからない。

だがカネがかかる。この移動コストがバリアになって人も企業も動かない。ここを直すことである。新幹線料金、高速道料金を国や都の負担で普通運賃並みにダウンさせる。その公費負担に都も再開発費用の一部を拠出したらどうか。土地が狭く過密で地価が高い東京の再開発に注力するより、広域分散にそのカネを振り向けた方が東京のため、都民のためにもなる。仮に本社は東京にあっても、サテライトオフィスが地方の中核都市に集積すると、若い人たちは満遍なく地方に移り住むようになろう。東京圏は仙台、新潟、名古屋まで広域化する。若い人に老親もついていく。こうして東京一極集中は緩和する。

第三は「都財政破綻」の問題だ。これまで「都は富裕団体」でカネの心配のない自治体だと言われてきた。事実、歳入の七〜八割が自主財源（都民税）で賄われてきた。企業本社の集積があり、好況時には税収も多い。景気変動の影響を受けやすいが、地方法人二税（法人事業税と同住民税）が都民税の半分近くを占めるので好況時は豊かだった。

だがいま、都は第一〜第三次コロナ禍対策で「財政調整基金」（貯金）もほぼ使い切り、延期された五輪・パラリンピックの後始末、実施費用、さらに五輪後もコロナ対策に数千億かかる。赤字都債の発行も免れない状況だ。この先、一〇〇年に一度と言われるコロナ大不況に襲われ、大幅な歳出増・歳入減となり、都財政は〝火の車〟になるのではないか。

仮に一年間に一兆円、二兆円の歳入減に陥ったらどうなる。都民税、公共料金の値上げは待ったなし。これまでの経験から、歳出の二〜三割をカットしなければ都財政はもたない。だが、それは都民に大きなしわ寄せが及ぶ。行政サービス、事業の大幅カットを都民は認めるか。大幅人員削減、地下鉄等公営企業の民営化など大ぶりな行革は待ったなしだ。

二〇二一年九月、首尾よく東京五輪・パラリンピックが終わっても、秋ごろから都政は厳しい〝冬の時代〟を迎えよう。これまで都政は五輪特需で潤沢な財政に恵まれ「あれもやります・これもやります」式の大盤振る舞いをしてきた。だが一転して今度は、財政再建など次々に襲いかかる厳しい難問と対決しなければならない。

ここをどう乗り切っていくのか、〝進むも地獄・戻るも地獄〟の感が強い。都知事というトップリーダーの資質を含め、首都政治のガバナンス（舵取り）が厳しく問われていくことになる。

第Ⅳ章　大阪都構想に見る改革現場

改革の難しさ

世の中を変えるのは難しい。基本的に人間は保守的な動物である。よほどのことがない限り、現状の変更を望まない。大阪都構想に挑んだ改革の姿からもそれを読み取れる。

六年前に住民投票の最終局面において僅差で否決された「大阪都構想」。二度目となった二〇二〇年秋の住民投票でも僅差での否決。住民の一票で統治の仕組みを変えるという前例のない改革は法定協議会、両議会可決と積み上げた最終局面で二度も「否決」されている。なぜか。大阪を「前に進めるか」、「立ち止まるか」、現場での熱い戦いを振り返る。

この一〇年来、橋下徹、松井一郎らが創設した地域政党「大阪維新の会」を中心に大阪の発展のためにめざした改革構想。大阪府、大阪市が競い合い意思決定が一元化できない

「府市合わせ（不幸せ）」な仕組み、それに伴う様々な二重行政のムダを解消しようと進められてきた改革だ。「大阪市を廃止し四つの特別区を設置」というのが大阪都構想、簡単に言えばそうだが、事はそう単純な話ではない。

図４－１　2020年大阪都構想の住民投票

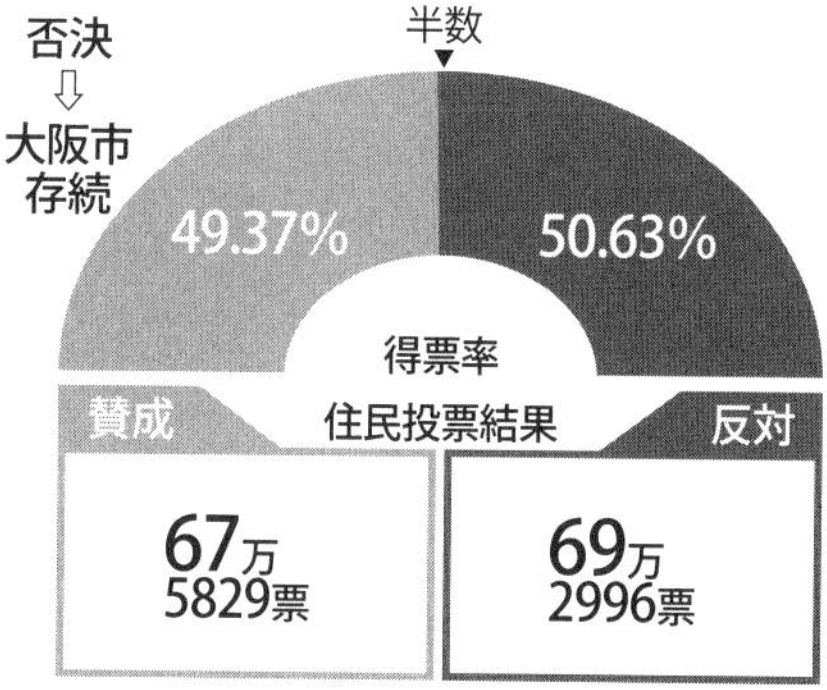

二〇二〇年住民投票の結果

二度目の住民投票は二〇二〇年一一月一日、大阪市民二七五万人の手で行われた。結果は反対票が賛成票を約一万七〇〇〇票上回った。この住民投票は二〇〇万人以上の大都市で特別区を設置する場合に必要な「大都市地域特別区設置法」に基づく公式なもの。当日、有権者数は二二〇万五七三〇人で投票率は六二・三五％（前回六六・八三％）。投票結果は上図のように反対六九万二九九六、賛成六七万五八二九だった。一・二六ポイントの僅差で否決された。

六年前（一五年五月一七日）も一ポイントの僅差

で否決された。その後、大阪都構想は副首都をめざす内容を加え、住民目線でサービスが充実するようさらに吟味し、修正協議を重ねて今回の住民投票に臨んだ。だが住民投票でストップがかかった。これにより、前回は当時大阪市長だった橋下徹が責任をとって政界を引退、今回も大阪維新の会代表で大阪市長の松井一郎が二〇二三年四月の市長任期満了をもって政界を引退すると表明した。

改革実践派の有力政治家を次々に失うことになった大阪の住民投票。なぜこうなったのか。もし賛成票が上回っていれば、約四年間の移行準備期間を経て、二〇二五年一月一日に大阪市は廃止され、四つの特別区が創設されたはずであり、同年の四月から一〇月までの半年間、「関西・大阪万博」が行われ、副首都・大阪都構想が大きく動き始めたはずだった。その一連の流れが入口で止まったかたちである。

関西地盤沈下を止める

いわゆる「大阪都構想」とは、大阪市を廃止し、広域行政は大阪府（都）に統合し、基礎行政は新たに四つの特別区を創設し、公選区長、区議会など住民自治を充実させる仕組みに代えることをめざす構想である。大阪維新の会が提唱し知事、市長が実践している。

なぜ、ここ一〇年間、大阪は改革にこだわり続けてきたのだろうか。これを実現すべきとしてきた理由は大きく二つある。

一つは、戦後七〇年以上続く大阪市、大阪府による二重行政のムダを排除すること。財政規模もほぼ同じで双方がせめぎ合い「不幸せ（府市合わせ）」とも言われてきた両首長による二頭立て政治、司令塔不在の大阪を解消することだ。

長らく業務中心地を大阪市政が握っており、大阪府全体の行政を担う府政といえども事実上、大阪市域には手を出せなかった。結果、狭い大阪市内で府と市が競いバラバラに設置する類似施設が多くなり、サービスの重複化も見られ二重行政が目にあまった。

ムダな投資で財政難に陥り、教育などにカネが回らず小学生の学力は全国ワーストワンに近い状態に下がった。府、市が広域権限をそれぞれ持ち、市長が右と言えば府知事は左と言う、大阪市長と府知事がめざす大阪のあり方が異なるなど、混乱と停滞の続く大阪だった。これをリセットすることが大阪都構想の大義だった。

もう一つは、わが国の東京一極集中の流れを変え、二眼レフ構造の日本をつくろうというもの。コロナ大流行、首都直下地震など大災害から国を守る危機管理には、分散化を図り、物理的に離れた日本のどこかに新たな副首都を形成することが必要だ。その適地が大阪という訳だ。

副首都は一極集中型の国土構造を変え、現在首都である東京に災害やテロなどがあった際、首都の代替機能を果たす。そのため大阪を副首都と定め、主要省庁の三分の一は大阪に移し副大臣が常駐する、春秋の国会のうち、春は東京で秋は大阪で開くなど立法部の分都化も想定される。東京、大阪を八〇分で結ぶリニア時代が到来すれば可能となる。

住民投票で否決の理由

大阪ではここ一〇年あまり、市営地下鉄の民営化、府立大・市立大の統合や二重行政の打破など、府市一体となって様々な統治機構改革が行われてきている。コロナ禍の対応でも府市一体の対応が光った。改革をめざす維新政治の真骨頂だ。その流れに沿い今回の「都構想」の実現をめざし、副首都構想を温めてきた。二〇二五年万博の準備も本格化するなど、関西復権に向けた様々な動きが加速し始めていた。

その矢先での否決。関西の地盤沈下から脱出する絶好の機会を失っていないか。今回、賛成票より反対票が上回った理由について、いくつかの検証がある。

検証の一つはジャーナリストによるもの。二〇一九年四月の府知事選、市長選のダブル選で大阪都構想への再挑戦を掲げ当選した松井一郎の人気は高かった（得票率五八・一一%）が、住民投票では「賛成四九・三七%」と八・七四ポイントの落差があった。

出口調査では男性が九ポイント下落なのに対し女性は一六ポイントの下落。年代別では三〇代の支持が低く、女性票が大幅に下がった（「朝日新聞」二〇二〇年一一月二三日付、堀江浩編集委員）。今回の住民投票では三〇代の得票を大きく減らしたのが敗因の一つ。三〇代女性など子育て世代に「サービス低下の不安を抱かせた」のが大きかった。

もう一つは行政学者によるもの。五年前の住民投票より反対票が増えたのは高齢化の進展が大きいという見立てだ。「高齢化に伴い『不安のある将来』を避け『不満のある現状』を甘受する保守意識が強くなっている」との見方だ（「日本経済新聞」二〇二〇年一一月一三日付、辻琢也・一橋大教授）。それが高齢者の多くが反対した理由だとする。

筆者は長らく府・市特別顧問として制度設計に関わってきたが、次の見方をしている。四九対五〇という一ポイントの僅差、現地で見ると大阪市民は最後の最後まで迷い、結局「変える」より「変えない」方を選んだということ。六年前、橋下氏が筆者に「人間最後の決断を迫られると保守的になるもの」と述べていたが、その通りとなった。

客観事実として言うと、この一〇年間に府市一体での改革が進み、問題視されていた

「二重行政」の弊害が相当解消され、目立たなくなっている。現在の制度を根本からひっくり返すほどの問題が見えなくなった。もっともこれは現在の吉村洋文知事と松井市長の属人的な良好関係がなした業にすぎず、この先、誰が知事、市長になっても変わらないよう意思決定の仕組みを制度的に固定化する、というのが「都構想」のねらいだった。改革が進んだことで、その制度改革の趣旨がどこか霞んで見えたのかもしれない。

将来のために必要でも、不安なコロナ禍の日常、内向きな自粛ムードの中、未来志向の決断にまでは踏み切れなかった。これが市民のホンネではなかったかと見る。

こうして見ると、間接民主制に対し直接民主制で民意を問う、住民の一票で政策や改革を決める方法がわが国で成熟した意思決定の方法なのか、十分吟味してみる必要があろう。

そもそも大阪都構想とは

大阪都構想の一つのポイントは都区制度への移行だ。それは大阪市を四区の特別区に変えるだけでなく、大阪府を大阪都に変え広域政策を強化するという要素からなる。これが「都区制度」の肝で大都市経営の司令塔を一本化し、広域政策と基礎政策の役割分担をしっかり分け、それを担う広域自治体（都）と基礎自治体（特別区）が都市経営の場面では

図4－2　現行制度と大阪都構想の対比図

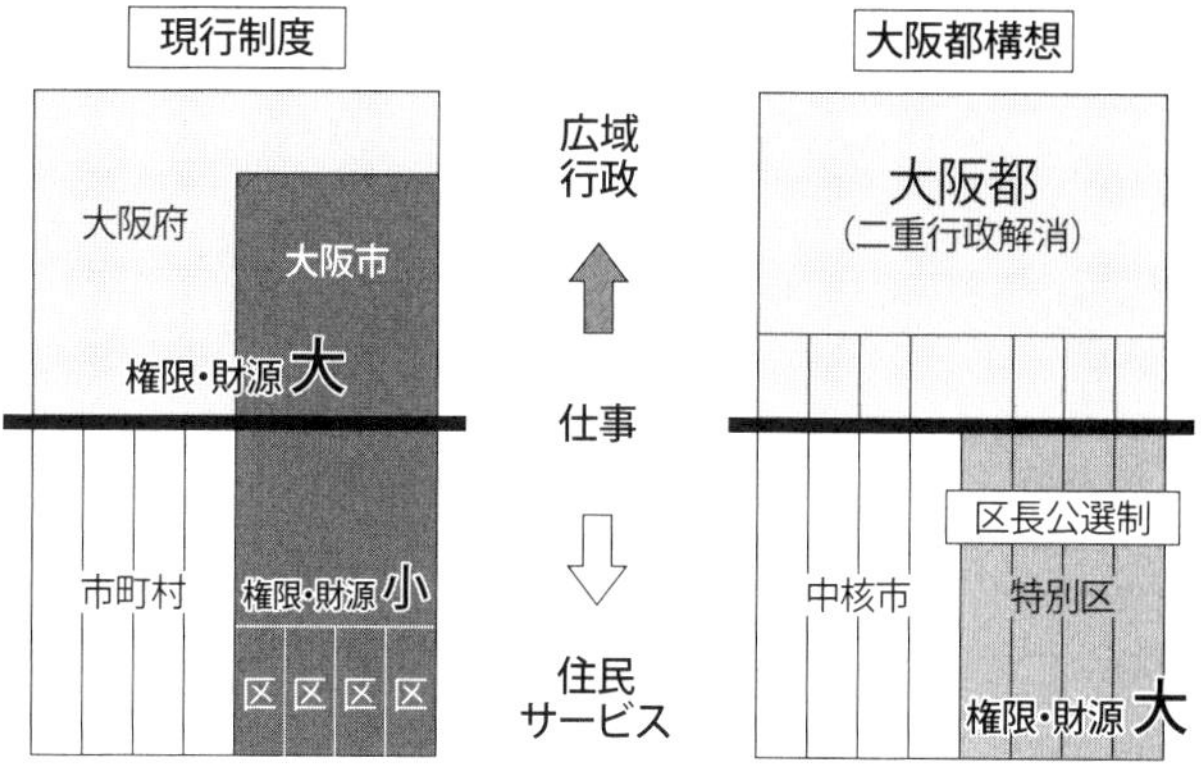

（筆者作成）

都区一体で運営に当たるという、大都市経営の工夫された仕組みがこれだ。ニューヨーク、ロンドンなど世界の大都市にも多く見られる仕組みである。

具体的には二七五万大阪市を一つの政令市ではなく、六〇万～七五万人規模の中核市並みの四つの特別区（中規模市に近い）に分け、その経営を公選区長―議会の二元代表制の基礎自治体に委ねるということ（上図）。

一方で、これまで府と市に分かれていた広域行政を大阪府（都）に一本化し、大阪府（都）庁という政策官庁が関西全域も視野に入れながら強いリーダーシップを発揮する。

今回、この「都構想」自体が否決されたので、この先大阪都に変える手続きはなくなるが、可決されていたとしたら、「大阪府」が自動的に「大阪都」に名称変更される訳ではなく、名称変更に法改正が必要であった。おそらくもう一度名称変更について大阪府民八八〇万人による住民投票が必要となっていたであろう。仮にそこで認められ府が都に変わると、現在の一都一道二府四三県制が八〇年ぶりに二都一道一府四三県制に組み替わることとなり、小中学生の社会科の教科書も書き換えとなったはずである。

一方、明治時代〝東洋のマンチェスター〟と称され、一三〇年前、わが国最大の商都として明治二二年に大阪市が誕生しているが、東京、横浜、名古屋、京都、神戸市と並ぶ日本を代表する六大都市として刻んできた大阪市の歴史に終止符が打たれ、戦後始まった五大政令市（横浜、名古屋、京都、大阪、神戸）の一つが消えたはずだ。決して「大都市大阪」がなくなる訳ではないのに、行政の仕組みとしての大阪市の廃止に住民の一定数が反対した結果、歴史の歯車は前に進まなかった。

大阪は〝これで終わった〟？

じつは、大阪都構想は八八年前にもあった。一九三二年（昭和七）、東京市が隣接五郡（荏原郡、豊多摩郡、北豊島郡、南足立郡、南葛飾郡）八二町村を合併し三五区（人口約五〇〇万人、世界第二位の都市へ）になった同じ年に、パリに次ぐ人口世界第六位の「大大阪」と呼ばれていた商都大阪が、東京市に抜かれたことを挽回しようと打って出たのが当時の大阪都構想だった。

もとより今回の広域権限を大阪府に統合する「現代版大阪都構想」ではなく、逆に大阪市域を知事の権限の及ばぬ大阪都として大阪府から独立させ、残りの地域は浪速《なにわ》県と呼ぶ案だった。「府市が対立し、つまらぬ競争でムダな費用を使う」、「東京市に置き去りを食っては二五〇〇万市民が泣く」とばかりに地元は熱くなったが、時の政府は冷ややか。一九四三年（昭和一八）七月一日に東京市と東京府が合体し東京都が創設されたことで話は終わり、戦中の大阪都構想は大戦末期に立ち消えになっている。

こうした因縁を持つ大阪と東京だ。今回の「大阪都構想」は昭和初期のそれと異なり、大阪市を廃止し、広域行政は大阪府（都）に統合し、基礎行政は新たに四つの特別区を創設し、公選区長、区議会など住民自治を充実させる仕組みに代えるというものだった。

「バーチャル都構想」へ動く

知事、市長らは現段階で三度目の都構想をめぐる住民投票はしないとしている。だが、これで終わらない。この大阪の動き、アナウンス効果はすでに他の大都市に改革の気運をもたらしている。全国政令市長会は都道府県から独立するかたちの「特別自治市」の創設を提言し、三八〇万都市の横浜市は市長が先頭に立ち具体化へ動いている。

大阪でもポスト都構想とも言える動きがすでに始まっている。「大阪市を残す」という一点で反対票が少し上回った結果を受け、大阪市を生かすかたちの改革構想。広域行政について大都市の一体性を確保しながら、基礎行政は「総合区」の仕組みを創設する、バーチャル大阪都構想というのがそれだ。

一つは、広域行政一本化の「府市統合（共同設置）の広域行政推進本部」を設置し、知事、市長の意思決定のもとで府市の広域行政を推進する。既にそれに関連する広域行政一本化条例が制定された。

もう一つは、政令市の中の行政区を再編し、拡大版の「総合区」を設置するということ。現在日本ではまだ使われていないが、行政区の権限を拡大した「総合区」制度はすでに法制化されている（二〇一四年）。

そのポイントは、①政令市の行政区権限を拡大して「総合区」とする、②総合区長は副市長と同格の特別職とし、議会の同意を得て任命する任期四年のポスト、③総合区地域の

図4－3　総合区長のイメージ

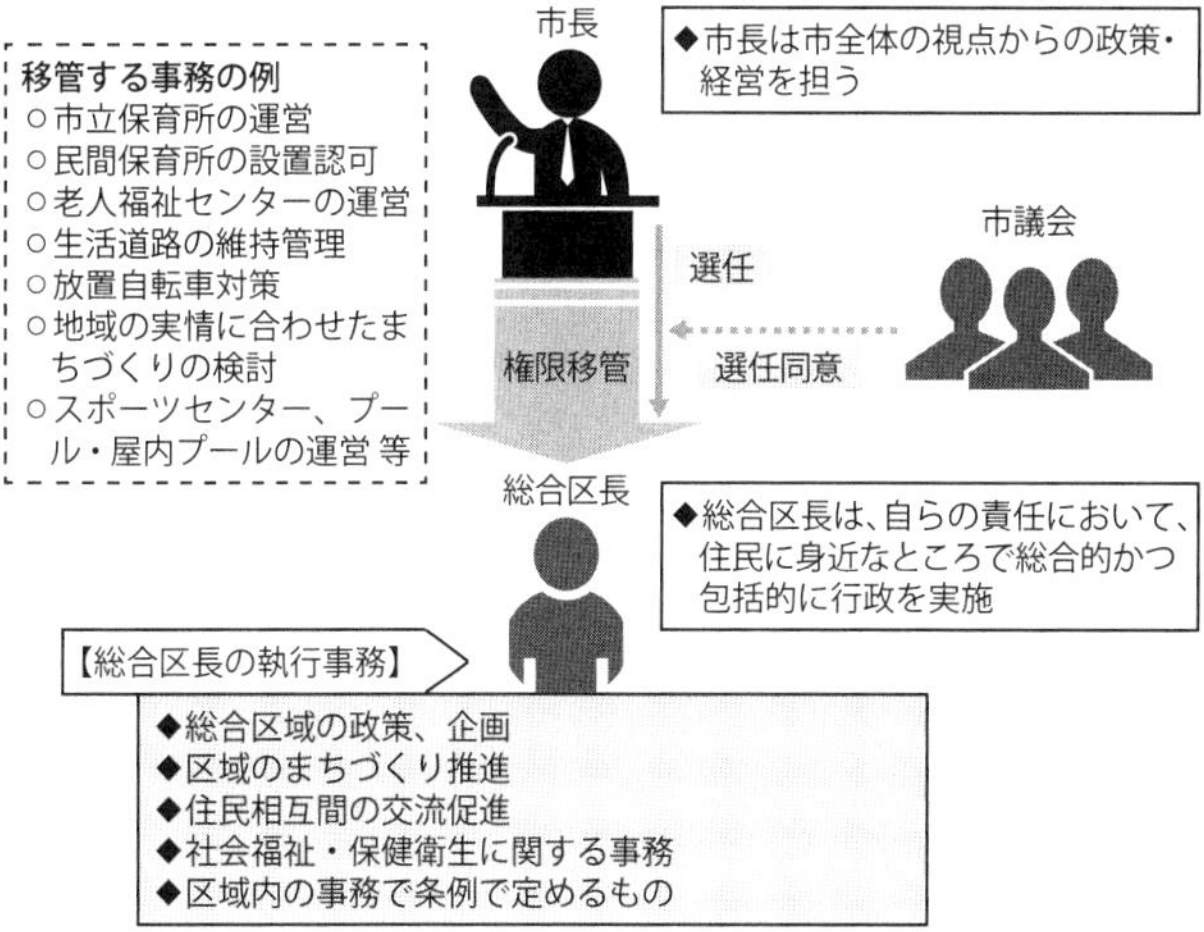

選出市議は議会内に一または複数区で常任委員会を置き区長を監視、④二重行政の解消を狙い、道府県と市で調整会議などの協議会を設ける、というもの。

もっとも、以前に大阪市では特別区と並行して総合区移行も検討してきた経緯があり、案は二年前からできている。総合区の区割りは八案、五案などがあり、それを中心に検討が始まっている。筆者は今回の特別区四案も加えて検討すべきだと考える。もとより、総合区制度は拡大行政区版であり、区長も特別職で任期つきとはいえ、市長の部下である。決して住民参加、住民自治の仕組みを持つものではない。そこで筆者は一つ提案して

図4－4　総合区の効果と課題

効果

地域の実情に応じた、よりきめ細かい行政サービスの実現

○住民の声を、より直接的に施策に反映することが期待できる。
○意思決定が迅速になることで、より迅速かつ適切なサービス実現が期待できる。

住民協働のさらなる促進

○地域課題の解決がいっそう期待される。

課題

効率性の確保

○局（１ヶ所）から総合区（複数箇所）に事務が分散することで、職員数の増加が見込まれる。

専門性の確保

○総合区で事務を実施するためには、専門職員や専門的な業務ノウハウの確保が必要となる。

「総合区事務の拡充」と「効率性・専門性の確保」
双方の観点から、最適なニア・イズ・ベターを追求

おきたい。

総合区長に準公選制を導入したらどうかということだ。改正地方自治法では、政令市長が選任する「総合区長」について、事実上の公選制となる「区長準公選制」を実施する余地を残している。区長選任に当たり、住民の多数意見を知るため、条例などにより政令市が独自に住民投票を実施できるという法解釈もある。

ニューヨーク、ロンドンなどの大都市自治の仕組みなどから見て、拡大行政区に当たる「総合区」を設置した上に住民自治の要素を入れ込むために、仮に総合区長は市長の任命（部下）であっても特別区的な運用ができる「基礎自治」の考え方を採用す

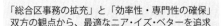

るべきである。「総合区長準公選」条例を制定し、住民参加によって選ばれた区長候補を大阪市長が公式に任命する。すると住民はみんなで選んだ区長という自治認識を持つ。

それぐらいを考えないと、総合区導入は当初考えた特別区制度とは似ても似つかないものとなる。また区議会に代わる区協議会の設置でも、総合区域内から選出されている大阪市議（概ね一五名）に加え、住民選出の協議会委員一五名を合わせ三〇名とし、行政執行のチェック機能と政策提案権を担保する仕組みを入れ込む工夫も要るのではないか。

本書で述べるように、ゆくゆく日本が州制度に移行した際の大阪都市州を想定すると、この準公選総合区が州内の特別区に置き換わっていく可能性もある。

一九五六年（昭和三一）、戦後法律が認めた特別市制度に代わり妥協の産物として政令市制度が生まれたように、「漸次的な改革」しか受け入れがたい体質を持つ日本での改革。だが、そうした小さな改革の積み重ねでも志あれば大きな改革につなげていくことができる。筆者は総合区に自治の魂を入れ込めと提案したい。

新たな都市経営の手法

明治時代に大阪は日本で初めて「都市経営」という考えを打ち出した先進都市である。

御堂筋を開発し市電を通しながら開発を進める、そこで得られる開発利益を周辺地域から集め、それを原資にさらに都市開発を進めていく。この都市経営の手法は現在各地に「公営企業方式」として広まっている。

こうした伝統を持つ大阪で一〇〇年ぶりに新たな都市経営手法の導入が始まった、それが大阪都構想だった。ハードなインフラ整備で都市開発を進める以前の方式ではなく、ソフトなインフラ整備、「大都市の意思決定の仕組み」を変えることで都市開発を進める、新たな都市経営手法の導入。こうしたやり方、工夫の仕方は世界の主要都市でも見られる。

戦時体制下で行われた東京の府市合体と違い、「大阪都構想」は成熟し目詰まりになっている大阪全体の血流をよくし、副首都と呼べる新たな大都市をつくろうという構想だ。

大阪の将来は「副首都」に、それを司る統治の仕組みは「大阪都構想」で、そこに起爆剤として呼び込んだのが二〇二五大阪万博というシナリオだ。住民投票の否決で都構想はいったん止まった。しかし、その精神を生かしながらこの三点セットの実現で日本に新たな二眼レフ構造の国のかたちを生むまで息の長い改革を続けることが望ましい。

第Ⅴ章　地方主権改革のススメ

規制改革の難しさ

　東京一極集中の是正は遅々として進まず、人口の減少も止まらない。集中豪雨、大震災の被災地に限らず、地方が直面する現実は厳しさを増している。この先、国の支援を受け身で待つのか、地域の未来を拓くため自ら動くのか、問われているのは地域の内発力だ。

　国と地方の関係を改めて見直す時期にある。民間でできることは民間で、地方のことは地方で――これは自由主義体制の国では常識。よく〈自助〉〈共助〉〈公助〉と言われるが、日本はいつの間にか〈公助〉が肥大化し、その〈公助〉も身近な自治体より遠い中央政府が仕切るかたちに戻っている。地方分権が後退している。これは望ましくない。

　肥大化する〈公助〉を解消するには、規制改革と地方分権を進める必要がある。政府が民間活動を縛る規制の改革は遅々として進まない。とはいえ、ここ一〇年農業、酪農、漁業面で少し改革が進み、医薬品のインターネット販売や混合診察などが可能になった。

もとより、規制改革がこれで十分という訳では全くない。ただそれが難しいのは、改革しようにも供給側の立場が圧倒的に強いことだ。すべての規制には根拠があるが、その必要性は社会環境の変化とともに変わる。どの規制をどこまで緩和するか常に見直す必要があるが、いざとなるとそう簡単ではない。

例えばコロナ禍の中、タクシーにモノを運ぶことを認めようとした。もともとタクシーはヒトを運ぶ旅客運送業だから、モノは運べないと規定されている。だが今回、コロナ禍で例外的に飲食店の食事を運ぶことは解禁された。しかし、タクシーで小さな荷物を運ぶことは認められないという。なぜなのか、利用者には全く理解できない。

だが、供給者側からするとそれぞれ縦割りのすみ分けがあり、業種間の利害対立、死活問題も関わる。それぞれが既得権益を守ろうとするのである。

その調整には多くの時間がかかる。これを変えられるのは政治しかない。国と地方の関係も同じだ。地方分権は国と地方の間の規制緩和、規制改革である。国の一二省庁は縦割りでガチガチに固まっている。しかも戦後長い間、国の仕事を地方に代行させてきた歴史がある。上下主従の法的関係、役人間の意識にも上下主従が強い。これを役割分担の違う対等な政府間関係に変えるのはそう簡単ではない。とは言え、やらなければならない。

コロナ禍に翻弄、迷走へ

一つ、国と地方の関係をコロナ禍対策で見ておこう。二〇二〇年春からいろいろ対策が講じられてきたが、未だコロナの感染拡大は収まらない。国内の感染者数はすでに四八万人を超え、死者も九〇〇〇人を超えた（二〇二一年四月四日時点）。世界全体で感染者が約一億三二〇〇万人、死者は二八三万人に及ぶ（同）。二〇二一年夏に予定されている国際的イベント、東京五輪は動き出してはいるが、はたして本当に開催できるのか。

日本は海外に比べ感染者数は少なく、とられた対策もロックダウン（都市封鎖）などのハードランディングではなく、「自粛」「お願い」ベースのソフトランディング方式だ。なので、経済に与える打撃も小さいと言われてきた。

だが、実際は不況が深刻となり、感染拡大も止まらない。この先、相当数の倒産と失業者も出そうで事態は深刻度を増す。「前例のない」「想定外の事態」と政治・行政は好んで使う。一年前に国会は、慌てて新型インフルエンザ対策特別措置法（いわゆる新インフル法）に上乗せするかたちで新型コロナ特別対策措置法（以下、コロナ特措法と呼ぶ）をつくった。その後、さらなる改正を加えている。

慌てて改正した法制化の中身にも問題があるが、その運用や国、地方の具体化にはさらに問題があった。

想定外という意味で、当初日本でコロナ感染がこれほど広まるという事態は想定されていなかった。コロナ特措法の下敷きになった新インフル法は二〇〇九年の新型インフルエンザの大流行を受け、民主党政権下で「国や自治体の体制整備や責任を明確化」を狙いに法制化されたもの。インフル対策として、外出自粛や休業要請のできる権限を知事に付与。

今回の特措法はこれに新型コロナ対策を上乗せしたもの。そもそも法制化の段階でここまで感染規模が拡大するという想定もなければ、重篤化で死に至る病だという特性も見抜いていなかった。その認識の甘さがその後の対応に後手後手となり大きな混乱を生み出す。当初、政府は流行性の新型カゼという程度の認識ではなかったか。

コロナ特措法は、外出自粛や休業要請の権限は法的に知事にあるとしながら、緊急事態宣言の発令に伴い「基本的対処方針」を改正した。そこで知事が自粛要請をする場合「国との協議のうえで」と国の関与を後づけで設定した。その辺からおかしくなる。

東京都の小池百合子知事が西村康稔《やすとし》担当大臣との間で「休業要請」の対象業種をめぐって揉め、結局、都の広めの案を狭めざるを得なかったように国は関与を強めた。「知事は社長かと思っていたら中間管理職のようだ」と小池百合子に言わしめた。コロナ禍対策の最終権限が知事にあるのか、国（大臣）にあるのか不明確な状況になった。

もう一つ、先のインフルエンザ対策の場合、カゼなので休業要請が広まるという想定はなく、営業活動を止める際の「休業補償」も明記されていなかった。ところが新型コロナは違った。飲食店など密な集まりの場所が感染源となる。インフルで想定された事態と異なる新型コロナの対応について休業補償を迫られた。GO TO キャンペーンで旅行や飲食を奨励したら（国が補助金）、感染拡大が強まった。さらに休業補償にカネを出す始末だ。

地方が対策の拠点

今回のコロナ禍対策は各知事が現場責任者である。だが、国が「特措法」のガイドラインとする「基本的対処方針」で箸の上げ下ろしまで指示する動きとなり、結果として国と地方の役割分担は不明確になった。国が知事の案を修正する権限を留保したことで現場の知事は動きにくくなり、次第に知事らは国の指示待ち姿勢を強めていく。

いま四七知事の約七割が中央省庁の中堅官僚から転じた人たち。中間管理職しか経験していない彼らは、もともと国の指示待ち、国の指示を受け入れやすい体質を持っている。強く言えば、分権改革の始まる二〇〇〇年以前の機関委任事務制度下の関係、つまり各省大臣の部下として各省の機関委任事務を処理する地方機関としての知事になり下がった感じがする。後戻り現象である。

そこで逆に目立ったのが、大阪や東京、北海道など非官僚出身の知事だった。彼ら彼女らは国と地方は役割の異なる対等な政府間関係にあるという認識で行動した。国に責任を持つのではなく、住民に責任を持つ。それが自治体の役割だとし、対策はその視点から様々に打ち出した。マスメディアが注目し、ＡＢＣの採点でＡのつく知事は大阪や東京、北海道など非官僚出身者だった。

コロナ禍対策における国と地方の役割分担について、そもそも論で言えば次の五点だ。国は①外交、入国管理、水際作戦をしっかりやる、②地方に示す対策方針は緩やかなガイドラインにとどめる、③むしろワクチン開発など高額な投資を要する領域に力点を置く、④地方への財源対策をしっかり行う、あとは⑤地方の自主性に委ねることだ。

細長い日本は気象条件も地域の特性も大きく異なる。大都市と地方、農村で感染状況も全く違う。感染が広まっているのは大都市、中都市だ。思いつきのように当時の安倍首相は昨年三月初旬、全国小中高校に一斉休校を要請したが、あれほど現場を無視した無策はなかろう。ピントが全く合っていない。

あの一律なやり方でどれだけ各地に不況が生まれ教育現場が混乱したか。上塗りはさらに国民一人に一〇万円ずつ配ったことだ。国の借金は増えたが、それがどれだけの感染防止に役立ったか、誰も検証していない。全国一律、一つのモノサシでしか法制やその制度運営ができない、中央集権体制の限界はここにある。国の役割は必要最小限にとどめるべきだ。もっとも、国だけを問題視したかのように聞こえるかもしれないが、じつは地方にも、国民の間にも「もたれ合い」「無責任」「甘え体質」などが蔓延している。

「未完の分権改革」

もちろん、地方分権は成功の自由と失敗の自由を併せ持つ。特に地方にはその結果責任を負う「覚悟」が要る。大きな判断ミスを犯した首長は辞職せざるを得ない。市町村は規模が大小様々なので広域連携も必要だ。今回のコロナ対策を分権か集権かのいずれが望ましいかという視点で考えてみよう。

図5−1　国際比較で見る中央・地方の関係

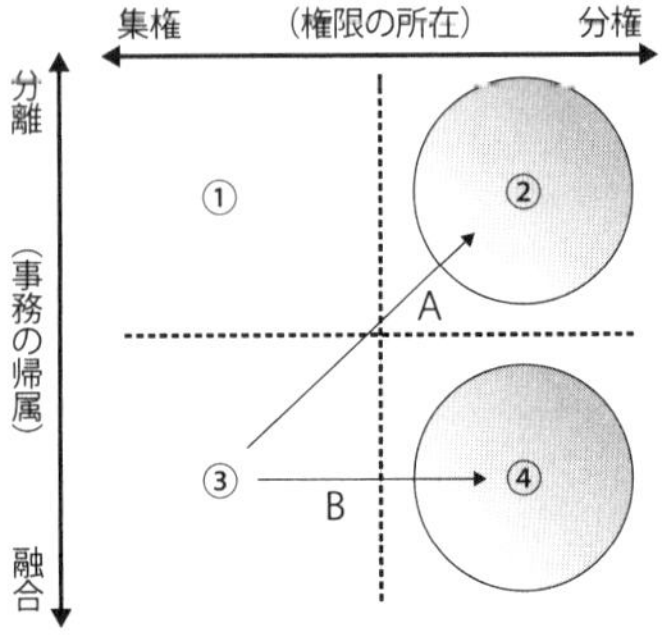

①集権・分離型（超集権国家）
②分権・分離型（英米系国家）
③集権・融合型（大陸系国家）
④分権・融合型（北欧系国家）

分権化は多様化した地域、多元化した住民のニーズに合うよう多様なモノサシで迅速に対応できる、そこに価値がある。他方、集権化は全国に統一性、公平性が必要な場合、国が強い指導力を発揮できる、そこに価値がある。今回いずれが有効か。

国に求められる水際作戦、財源措置を除くと分権化でよい。戦後日本の行政の仕組みは、長らく「国が考え・地方が行動する」という上下主従の関係、フランスなど大陸系諸国に見られる「集権・融合型」（図の③）の国家体系にあった。一つひとつの事務事業に国も県も市町村も関わって初めて完結する。これを融合と言い、その仕切り役は国が担う。これが集権だ。しかし行政責任の所在が不明確になる。これを変えようとしたのが二〇〇〇年の分権改革だ。ただ図の②体系に動くか、④体系に動くか腰が定まらなかった。

二〇〇〇年改革の肝は集権構造の柱の一つ、地方の首長（知事、市町村長）を各省大臣の部下（地方機関）として扱う「機関委任事務制度」を全廃した点だ。国と地方は、役割の異なる対等な政府間関係に置き換えられた。以後、国は上級官庁が下級官庁に命令する「通達」も出せなくなった。今回の特措法で通達ではなく曖昧なガイドラインにとどまったのにはこうした背景がある。

だが二〇〇〇年改革で、税財政の集権構造の解体はできなかった。税金は国が六、地方が四集め、使う方は地方が六、国が四という「ねじれ」の仕組みが残存した。このねじれギャップを国が補助金、地方交付金で埋め合わせるという仕組みだ。その際、国はそのカネで地方の施策や事業内容、人件費などをコントロールする。その税財政の集権構造がいまも変わらず残っている。税財政の集権の温存、「未完の分権改革」と言われるゆえんだ。

本来なら、地方は歳出六に合わせ六の税を集め、国は歳出四に合わせ税も四集める。そのかたちが望ましい。ただ極端に地方と都市部の間に格差がある。財源調整は要る。だが、事業の三分の一を補助し事業内容を三分の三（つまり全体を）仕切る、そうした補助金による関与は認めるべきではない。地方交付金のかたちでその使い道は地方の自由に任せる。そうした北欧型の「分権・融合型」へのシステム転換が日本に合うはずだ（前頁図）。

だが、その改革は国の官僚組織の大きな抵抗でできず、英米型（②）にも北欧型（④）への移行もハッキリせず曖昧なまま終わった。しかも分権改革の流れは、二〇一一年に発生した三・一一の東日本大震災を経験しストップした。災害復旧に国の役割が見直され、国の出先機関の統廃合や、地方への権限・財源移譲の空気は萎え、経済の停滞で地方財政がひっ迫すると地方は次第に国依存を強めるようになった。国頼みが強まり地方自治が空洞化していった。

安倍政権の七年八ヶ月、「地方創生」を一つの柱としながら、笛吹けど地方は踊らず。地方はカネ欲しさに補助金、交付金の割り増しが期待できる、国の求める地方創生プランしか出さなくなった。こうした地方分権の気風が萎えてしまったところに、今回の新型コロナ禍が襲いかかったと見てよい。

日本の分権改革

わが国の分権改革には哲学がないとされる。やみくもに分権化を進めたが、分権国家のビジョンがない。分権化することは、集権のメリット――①統一性、②公平性、③国の指導力の発揮よりも、分権のメリット――①多様性、②迅速性、③市民参画、に相対的な価値を認めるということである。

この考えで二〇〇〇年に分権改革が行われた。しかし「未完のまま」放置されている。「分権疲れ」という言葉も生まれている。

実際、集権体制に慣れている省庁官僚や族議員は集権のメリットは依然大きいとし既得権を死守しようとする。他方、分権体制に活路を見出そうとする地方の首長や議員は分権のメリットを強調し、様々な改革提案をする。この構図を守旧派と改革派のせめぎ合いとすると、それは様々な分野での中央・地方の戦いの構図とも見て取れる。しかしこのところ、改革派のエネルギーは萎え、地方創生も集権化の中にある。

これまでわが国の国と地方の関係には、次のような問題があった。

図5－2　地方分権改革を再起動→地方主権国家の形成

1．2000年の分権改革以降、分権化は止まったまま。逆に再集権化
2．コロナ禍対策を見ても、地方に権限、財源を移譲した方が有効
3．地方創生を見ても、地方の内発力を引き出す方法なくして動かず
4．人口減少の本格化をにらみ、地方行財政体制の再構築は待ったなし
5．第2次分権改革を再起動すべき時！　地方の元気を呼び戻す改革
6．税財政の分権化がポイント～省庁官僚が最大の抵抗勢力と想定
7．省庁の縦割り解消と同時に国・地方の集権構造の解体がセット

第一、国と地方が上下主従関係にあった。国が地方との関係で法的にも上級官庁、下級官庁となる機関委任事務制度と補助金の仕組みにあり、上下・主従の関係にあった。

第二、知事、市町村長が二重の役割を負わされてきた。本来、公選首長は「地域の代表」の役割に専念すべきだが、二〇〇〇年まで国の機関委任事務の執行者として大臣の部下に位置づけられ、しかも七〜八割の業務が国の代行で占められていた。

第三、国と地方の行政責任が不明確であった。コロナ禍対策でも露呈したが、国が考え(plan)、地方が行い(do)、国・地方が一体で責任を負う(see)という仕組みのもとでは、どこに行政責任があるか分からない。政策の失敗も税金の使い方も説明責任を問えない。

第四、自治体に狭い裁量しかなかった。自治体は全国に統一的なサービスを提供するナショナル・ミニマムの供給者としての役割が多くを占め、地域ニーズに沿う裁量行政はほとんど行えない。結果、ニーズに沿わないカネの使い方、時間の浪費を生んできた。

第五、縦割り行政の弊害が大きかった。各省庁の受け皿として府県に部、課ができ市町村も同様に組織される。国の縦割りの弊害が地方をも巻き込み、総合サービスが実現できなかった。

分権改革のポイント

こうした問題を解決する方策として、一九九五年に地方分権推進法ができ改革設計が行われ、二〇〇〇年四月に地方分権一括法が施行された。その狙いは、次の三点とされた。

一つ、国と地方の関係を上下主従から対等協力の関係に置き換えること。

二つ、これまで国の各省庁による包括的な指導監督権を廃止し、事前の権力的関与も必要最小限度とし、国と自治体間の調整ルールと手続きを公正、透明なものに改めること。

三つ、国の自治体への統制は、法律による立法統制と裁判の司法統制に限定すること。法令に根拠を持たない不透明な関与を排除し、「法律による行政」の原理を徹底すること。

こうした考えをもとに二〇〇〇年の分権改革が行われている。主な柱は次の点だ。

(一) 機関委任事務制度が全廃された。各省大臣から知事、市町村長に委任している五六一項目に及ぶ機関委任事務は全廃され、自治体の仕事は七～八割、固有事務に変わった。

(二) 自治体への国の関与が縮小廃止された。従来の包括的かつ権力的な指揮監督が廃止され、国の関与は技術的助言、事前協議的なものに限定された。自治体職員の採用資格を制限し、かつ人口規模などから必要数まで決めていた「必置規制」(特別の資格または職名

図5−3　地方分権改革はどこまできたか

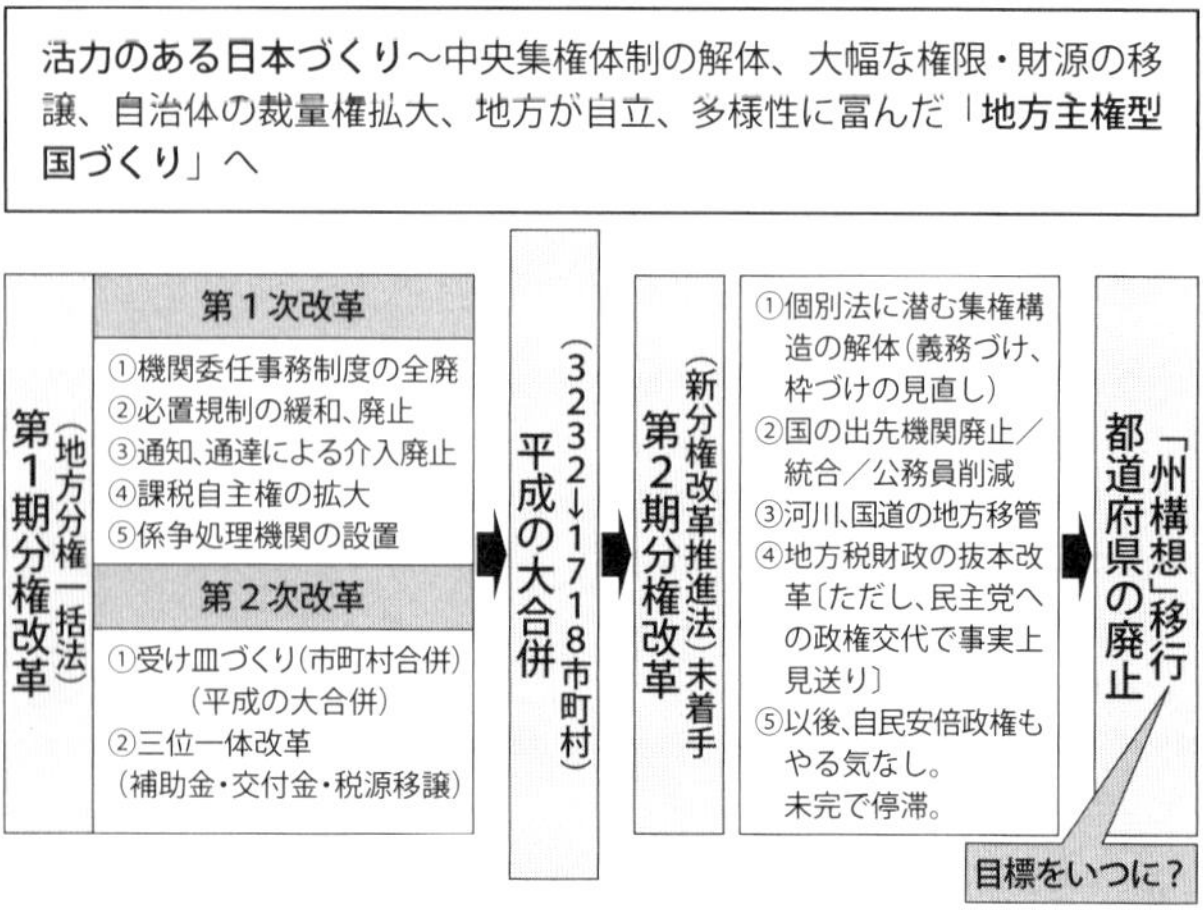

活力のある日本づくり〜中央集権体制の解体、大幅な権限・財源の移譲、自治体の裁量権拡大、地方が自立、多様性に富んだ「地方主権型国づくり」へ
第1期分権改革
（地方分権一括法）
第1次改革
①機関委任事務制度の全廃
②必置規制の緩和、廃止
③通知、通達による介入廃止
④課税自主権の拡大
⑤係争処理機関の設置
第2次改革
①受け皿づくり（市町村合併）
（平成の大合併）
②三位一体改革
（補助金・交付金・税源移譲）
平成の大合併
（3232→1718市町村）
第2期分権改革
（新分権改革推進法）未着手
①個別法に潜む集権構造の解体（義務づけ、枠づけの見直し）
②国の出先機関廃止／統合／公務員削減
③河川、国道の地方移管
④地方税財政の抜本改革〔ただし、民主党への政権交代で事実上見送り〕
⑤以後、自民安倍政権もやる気なし。
未完で停滞。
都道府県の廃止
「州構想」移行
目標をいつに？

のある職員などの規制）が大幅に緩和され、通達行政も大幅に制限された。

（三）自治体の自治立法権限が拡大された。これまでわが国では「法律の範囲内」で条例を決めることを求めてきた。国家の法律優先主義の思想だが、しかし現代社会では地域特有の多様な問題が発現する。地域独自のルールを必要とする。そこでローカルルールで問題を解決する条例優先主義への転換の芽を出した。次の問題は自治体側に立法能力があるかどうかだ。

（四）国と地方に新たなルールをつくった。国と地方が争う、紛争（係争）関係の処理について新たな機関を置くなどのルールを定めたこと。係争処理機関の設置である。

国と地方を対等の関係に置き換えた。

（五）地方税財源の充実を図ろうとした。地方自治の原則は、自己決定・自己責任の原則に加え、自己負担の原則が明確でなければならない。まず歳入の自治の確立をめざし法定外普通税の許可制廃止、法定目的税の創設、個人市町村民税の制限税率が撤廃された。長らく続いた起債許可制も廃止された。自治体はある意味、借金の自由を手に入れた。

しかし、裁量権の拡大は失敗の自由と裏腹の関係にある。今後、借金の仕方を間違えば自治体破綻が現実のものとなる。ともかく、地方が主体になって「地方でできることは地方で」のかたちが整い、その運用を託す地方自治体の自立を国が促した。市町村が総合サービス業を営めるよう、規模と能力の見直しとして平成の大合併も行われた。

だが現実は、地方創生のやり方一つ見ても運用過程で集権化へ回帰している。

分権改革再起動！

しかし、第一期改革の後、日本の分権改革は勢いを失っていく。政治主導で始まった地方分権改革だったが、小泉純一郎内閣以後、安倍晋三、福田康夫、麻生太郎、そして民主党の鳩山由紀夫内閣、菅直人、野田佳彦、そして自民の安倍内閣とこの二〇年近く地方分権の動きは止まっている。

枕詞として地方分権を唱えるが、それは総論として言っているだけ。各論となると官僚と手を組んで抵抗勢力に回る与党議員も少なくない。地方側も小規模市町村を中心に分権化を望まない声がある。しかし世界で、高度産業国家、民主化の進んだ先進国で中央集権の国はない。税金の集め方は身近な自治体で市民意思で決め、使い方もそうする。その常識を体現するのが分権国家であり、人口減少が進み、この先の税の細る日本でいまの状況を放置してよいはずはない。

もっとも、地方分権を進めても、地方にできない領域はある。外交や防衛、危機管理、司法、金融、通貨管理、景気対策、国土形成、さらに福祉や医療、教育、文化、農政、インフラ整備など政策の骨格をつくる役割がそれであり、国家経営の視点から国が主導することが望ましい。その点、国と地方の役割分担を可能な限り明確にする必要がある。

ただ言えることは、これまでのパターナリズム（父親的温情主義）は、もはや時代錯誤であるということ。国が地方に仕事を義務づけ、すべての政策領域に微に入り細に入り関与するやり方（箸の上げ下ろしまで）は、自治体の政策能力が乏しかった時代の産物だ。自治体が変わろうとしても、国の過剰介入が阻害要因となる。これではならない。今後は国家の役割を限定し、列挙して法律で制限すべきである。

日本の自治体は、裁量的な政策環境が整えば自立可能なところが多い。職員層も一定規模の自治体では揃っている。要は磨かれていない点が問題だ。ビジネスチャンスを与えず、「ビジネスが育っていない」と言っている国の姿勢は自己矛盾のそしりを免れない。地方と関わる政策分野で、国が果たすべきことは、政策のガイドラインを示す、財政力格差を是正するといった外形上の関わりに限定することが望ましい。

この先の主な改革課題を挙げると、①地方税財源の充実・確保、新たな地方財政秩序の再構築、②法令による義務づけ、枠づけの縮減・廃止、法令による規律密度の緩和、③事務権限の移譲、④広域化を睨んだ地方自治制度の再編成、⑤住民自治の拡充、⑥地方自治法の廃止、地方自治基本法の制定などだ。

広域化、高学歴化、財政ひっ迫など身近な地方自治を営む基層は大きく変わっている。府県制度の大胆な見直しを含め、令和の時代は地方主権をめざす改革を進めるべきだ。

究極の分権国家の姿、ゴールは、約一〇州の地方政府（州政府）がそれぞれ内政の拠点として自己決定、自己責任、自己負担の原則で地方自治を営む姿であろう。それに向け、本腰を入れた改革を押し進めるべき時がきている。

第Ⅵ章　日本をなぜ州制度に変えるのか

再び機運が盛り上がる

〈自助〉〈共助〉〈公助〉のバランスをめぐる議論がある。あまりにも〈公助〉依存が強まっているので、あえて〈自助〉を強調する動きだ。菅義偉首相の発言もその一つ。その狙いは「活力ある地方」の実現である。国の補助金、交付金頼みをいかに高めても地方の活力は生まれてこないという認識からだ。

「大阪都構想」が僅差で否決された住民投票の翌日（二〇二〇年一一月二日）、菅首相はこう語っている。「大都市制度の議論に一石を投じたのではないか」と。菅氏は第一次安倍内閣の総務大臣時代から、地方経済の活性化に注力してきている。その証が「ふるさと納税」の実現だ。省庁の反対を押し切って断行したと自負するこの制度だが、筆者は直接、ふるさと納税をなぜ創設したのか当人に聞いたことがある。

自治創造学会での講演会でだが、自分は「大臣になったら地方に役立つデカイことをやろうと思ってきた」、それがふるさと納税だ。「最初は一五〇億円程度の動きだったが一〇年経って今は法人の納付まで含め三〇〇〇億円近い」と成果に胸を張った。もちろん、この制度には「地方税という地元サービスを受ける対価として納める税をヨソにやるのはおかしい」との批判もある。筋論からするとそうだが、税の大都市圏一極集中をなんとか解消したいと思うからできた制度だ。その点では機能しているとみてよい。

菅は総理就任後、地方銀行は「数が多すぎる。再編も一つの選択肢になる」とし地銀の再編にも力を入れている。「私自身が地方出身で、地方の現場をよく知っている」と主張、一貫して地方分権を唱える。

その菅にとって四七都道府県の廃止、一〇程度への再編も視野にあると筆者は見ている。政権の安定と長さが見通せるなら「幻の改革構想」と揶揄《やゆ》され、選挙に不利とタブー視してきた道州制問題にも踏み込む可能性がある。

というのも、そもそも道州制国家の実現は安倍前首相の「大願」であった。第一次安倍内閣の発足時（二〇〇六年）から「道州制の導入」を謳い、道州制担当大臣まで置いた。

その諮問機関として道州制ビジョン懇談会を設置しているが、同懇談会は『中間のまとめ』（二〇〇八年三月）で「二〇一八年までに日本は道州制に完全移行すべき」と提言、必要な法整備を求めている。

しかしこの提言後、自民党は政権与党の座を民主党に譲ることになる。いったんこの話は立ち消えになったが、三年半後の自民政権復帰後、第二次安倍内閣になって公明党と組み「道州制推進基本法」（法案）を国会に出す準備に入っている。ただ、衆院選が近く全国町村会の反対などもあり、選挙に不利とされ国会で審議されるまでに至らなかった。とはいえ、「安倍政権の継承が私の使命」と明言する菅首相だ。再び地方重視の観点から道州制の実現に向けて動き出す可能性はある。

わが県を出ないでください?

東京一極集中を解消し分散化を図る、地域のことは地域で決める地方分権国家の究極の姿、大きく膨らんだ国・地方の財政のムダ排除、一三〇年前からの狭域化した都道府県を広域政策のできる広域自治体に変える——これらを総合的、俯瞰的に実現するには日本を「州制度」の国に変える。それが切り札だ。

二〇二〇年、世界そして日本を震撼させたリーマンショックを超える規模の大不況、これを呼び込んだのが新型コロナウイルスの大流行だった。原因不明の感染症の急激な蔓延に「わが県にこないでください」「わが県を出ないでください！」と叫ぶ知事らの姿があった。

一三〇年前の馬、船、徒歩の時代の四七府県の区割り、いまや生活圏、経済圏は交通・情報・通信手段の飛躍的発達で大きく広がっているにもかかわらず、あたかも各県が鎖国のように県内目線でそう叫ばざるを得なかった。感染症対策としていかにこれが合わないか、そのやり方自体に違和感を持ち、無力であると思いながらも従わざるを得なかった。そう感じた国民も多かったはずだ。

しかも大都市、中都市という都市部で多くの感染者が出ているのに、国は四七都道府県制度を足場に知事を手足のように使った。農村部まで含め一斉休校を指示。また感染対策の責任者は各知事としながら「箸の上げ下ろし」まで国が指示する始末である。この国に分権思想はあるのか、疑わざるを得ないような「国の指示待ち」知事らの姿もあった。

明治維新から一五〇年

その時代にふさわしい「国のかたち」を設計する、それが政治の基本的な役割だ。明治維新から一五〇年、時代は大きく変わった。本格的な人口減少時代を迎えた日本をどうするか、「新たな国づくり」を本格的に議論すべき時期にきている。

だがこの十数年、政治は景気対策の話ばかりしている。行政改革を含め、根本に立ち返って国家の統治構造を見直そうという話はほとんどない。政治の怠慢である。今年（二〇二一年）は都議選、衆院選があるが、その勝敗のみを意識し与野党ともサービスの大盤振る舞い合戦の様相にある。〝サービスは大きく、負担は小さく〟、こんな手品師のようなポピュリズム政治が続くと何が生まれるか。国民への重い税負担が残るばかりとなる。

ガバナンス（舵取り）を失った国家に未来はない。当面、消費税値上げは認めたが、いまの統治機構「国―都道府県―市町村」の三層制とそれに連なる膨大な出先機関等をそのままにする限り、この先、何度増税を繰り返しても一三〇〇兆円を超える財政赤字は消えない。バブル崩壊後、日本の国・地方の歳出合計は一七〇兆円を超える方向にある。

一方、税収でみた歳入は一〇〇兆円に届かない。こうした「ワニの口」のように開いたこの差（赤字）を借金（赤字国債・地方債）で穴埋めする財政運営が続く。よく中身を見てほしい。歳出の一七〇兆円が私たちへの直接サービスに回るならまだしも、歳出の約半分は公債費、人件費、管理費など統治機構を維持するための間接経費に消えている。

民間でいうなら、間接経費が半分近くを占めるような会社はみな潰れている。何度増税しても国民に〝豊かさの実感〟がないのは、こうした背景による。これを放置したまま、若者に夢を持て！　といくら叫んでも無理な話。なぜなら、彼ら彼女らの行く先には借金地獄が待っているからだ。

これほど無責任な政治はない。歴史上、江戸末期ぐらいしか例がない。明治維新がなぜ起きたか、滅ぶべくして滅んだ徳川幕藩体制に学ぶべき点は多い。いまの日本の統治構造は人口増時代に対応したもの。明治維新後、日本は、ひたすら人は増え、所得は増え、税収は増え、拡大の続く「右肩上がり社会」だった。

しかし一転、この先は「右肩下がり社会」へ向かう。坂を下るように減り、年を追うごとに厳しい下り坂となっていく。人口減少時代に合う、簡素で効率的な統治機構に衣替えする改革が不可欠だ。特に明治二三年（一八九〇）創設以来ほとんど無傷できた四七都道府県体制は、抜本から見直さなければならない。

この先、人口がどんどん減り、都道府県の中でも人口が一〇〇万人に届かない県が続出する。国立社会保障・人口問題研究所の二〇四五年予測によると、現在一〇〇万人以下の県は、香川、和歌山、佐賀、福井、山梨、徳島、島根、高知、鳥取の九県のみだが、二五年後はこれに奈良、長崎、石川、大分、岩手、宮崎、青森、富山、山形、秋田の一〇県が加わるという。この予想より人口減少が進むと、四七都道府県の半数近くが一〇〇万人以下になるかもしれない。

しかも人口が四割も減る県が軒並み増え、政令指定都市（以下、政令市）の最低要件七〇万人にも届かない県が続出する。中規模市並みの県が半数近くになる傍ら、一〇〇万人規模の政令市など大都市が二〇近く存在する。

こうした広域自治体と基礎自治体が逆転する現象の続出は地方自治制度を根幹から揺るがす。入れるものが小さくなっていくのに、入れる器が人口増時代のままというのは誰が見てもおかしい。一三〇年前の馬、船、徒歩の時代につくられた四七の府県割りは、広域化した現代に合っていない。

フルセット行政のムダ

四七都道府県は狭域化しているにもかかわらず、行政の活動はあたかもそれぞれが一つひとつの国であるかのようなフルセット行政に勤《いそ》しむ。隣の県とすべて同じように揃えようとする横並び意識のフルセット行政の蔓延。市町村を含めこの「フルセット行政」が日本全体の財政を悪化させ、不要なハコモノを増やし、行政を非効率化している。これを放置して何が生まれようか。

今回、コロナ対策で四七都道府県（知事）をあたかも手足のように使ったのが国の姿勢だが、その四七の府県割りはいまから一三〇年前の廃藩置県でできた区割りにすぎない。これまで広域圏に一つあれば十分な空港が各県に一つ二つとつくられ、米国カリフォルニア一州の面積しかない日本に九七も空港ができている。その九割は赤字の状態だ。海外交易の拠点としての大型船が出入りする基幹港湾も広域圏に一つあれば十分なのに、各県は競うように小船しか入れない港を次々とつくった。

結果、基幹港湾はなく、海運の国際競争力は急速に落ち、韓国、香港、シンガポールに交易の主力港を奪われている。

今回のコロナ対策で一度目の緊急事態宣言解除の場面になって、ようやく国は「京阪神」「首都圏」という言い方で広域圏を対象にした判断を求めた。もはや県単位で対応しても限界に近い。広域圏連携を強める制度措置が不可欠との認識からだ。

そう遠くない将来、一〇州程度にくくり直し、そこを内政の拠点にする「州制度」への移行は不可欠だろう。様々な抵抗勢力が想定され、一足飛びにはいくまい。まず広域圏で連合議会をつくり、連合代表を知事から選んでグレーター広域連合を特別地方公共団体として法制化し、徐々に国の出先機関も権限も吸収し、広域圏がバーチャル州のような動きになる制度措置が要るかもしれない。高度医療機関、研究機関も共同でつくったらよい。

人口が三〜四割も減るとなると、もう四七もの都道府県は要らなくなる。広域化・高速化時代で、経済活動も人々の活動も広いフィールドで行われている。拡大した経済都市（圏）に狭域化している行政都市（圏）をリセットし、合わせる時代だ。でないと効率は悪く国民の税負担は重くなるばかりだ。

制度疲労、空洞化する都道府県

県内に政令市を抱える県庁は、その政令市と張り合い、人口減で行政需要が大幅に減るにもかかわらず、同じモノ、同じようなサービスを創り続ける。統治の仕組みが二重、三重行政のムダを生んでいる。国と市町村間で「卸売業」を営んできた都道府県は、二〇〇〇年の分権改革で「仲卸し」の役割を失い、各省の機関委任事務を大量に処理する役割もなくなり空洞化している。

その一方、府県業務を移された政令市が二〇、中核市が六〇にもなり、地位の逆転現象が起きている。こうした統治構造の矛盾、空洞化を放置したままで何が生まれるか。国民への大増税と行政サービスの劣化ではないだろうか。

図6－1　州構想の区割りイメージ

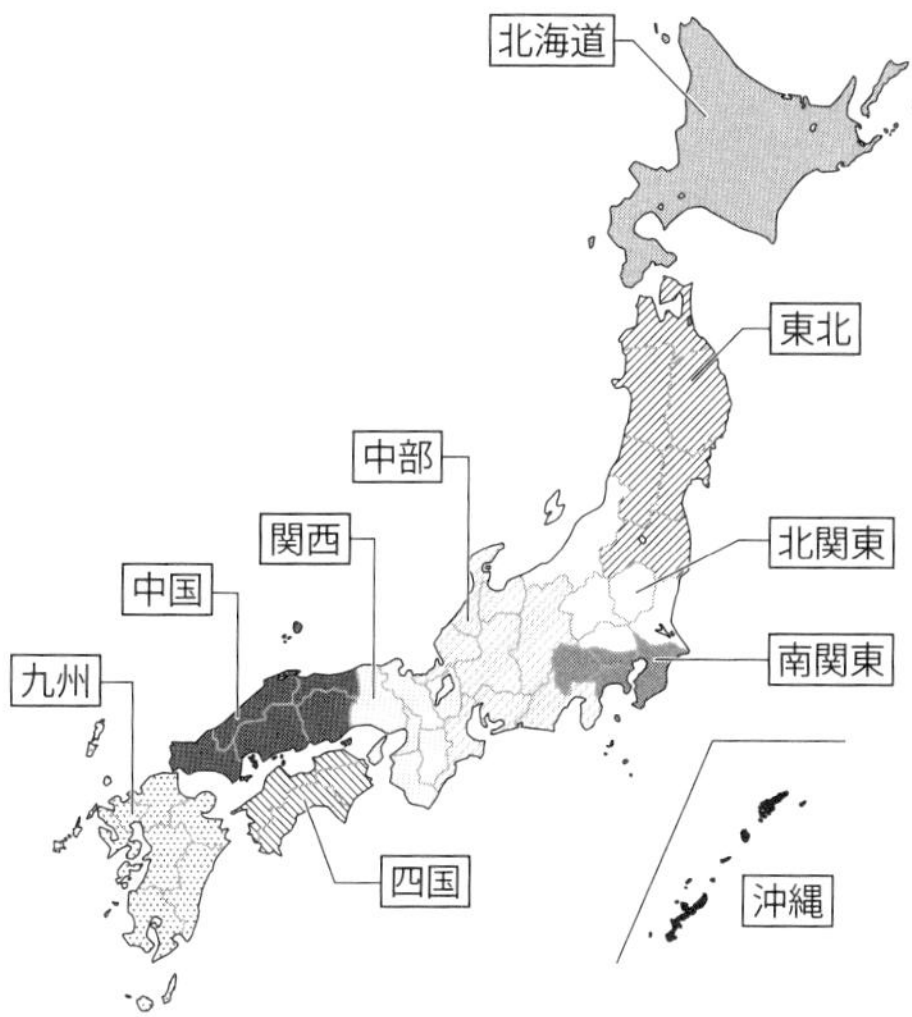

私たちの日常は、経済も生活も県境にかかわりなく広いフィールドで行われている。地方自治のエリアは実際都市と行政都市が一致していることが大原則。だが現在の四七都道府県体制はそこから大きくズレ、社会の広域化が進む一方で各府県域は狭域化している。拡大した実際都市（圏）に合う新たな

行政都市（圏）の創設、人口大減少のトレンドを加味した広域自治体の再構築は待ったなしだ。四七都道府県という旧体制を解体再編し、広域圏を単位に約一〇の州（前頁図）をつくり、日常生活に合った広域圏行政の仕組みを創るべきだ。それが道州制である。ただ筆者はそれを従来から言われ続けてきた「道州制」とは言わない。大都市・中都市をベースとする新たな「州構想」と呼ぶ。

州構想のメリット、デメリット

州構想は都道府県合併の話では全くないが、しかし州のエリアを設定する際、いくつかの府県を一つの州のくくりとすることになる。市町村合併の時もそうだったが、そのくくり自体が大きな争点になることは避けられまい。

もっとも新たな仕組みづくりにはメリットもあればデメリットもある。

州構想移行に積極的な論者は、次のようなメリットを挙げる。

①行財政基盤を強化する（県庁職員、国の出先機関職員の大幅削減ができる）。

②行政サービスが向上する（フルセット行政の回避、スケールメリットが働く）。

③魅力ある地域圏、都市圏が形成できる（特色ある地域圏による都市間競争が成立）。

④経済生活圏と行政圏を一致させる（府県廃止、地方政府の一元化で広域戦略が可能）。
⑤大都市圏の一体的運営で経済活力も向上できる（首都圏はイギリス並みの力）。
しかし、実際の州制度移行となると、国の官僚は抵抗しよう。例えば、国家公務員の半数以上が身分移管を迫られる、国は河川、港湾、道路など公共事業の権力を失い、予算編成権の骨格を州に奪われ中央政府は弱体化することになるからだ。これにはたして国の官僚が賛成するか。その背後にいる族議員などの国会議員も賛成するのだろうか。彼らが政治権力、利権を失うと分かった時、官僚を通じて反対運動をするのではないか。

一方、デメリットを強調して反対する論者もいる。その論拠は次のようなものだ。
①そもそも国民は、州構想を望んでいるとは考えにくい。府県で育んだ文化を失う。
②制度を変える前に、現行の都道府県で広域連合をつくり広域対応をしたらどうか。
③広域州であまり区域を広げると、自治体に地域住民の声が届かなくなる。
④各州の間で経済格差が広がり、勝ち組、負け組がはっきりしてしまう。
⑤あまり州の権限を強くすると、国家全体が統一性を失いバラバラになる。
こういった論拠をもって州構想に反対する。
もとより、メリットの裏返しがデメリットにもなるが、しかしデメリットを克服するならメリットにもなろう。メリットとされるものも（例えば行財政改革が進む）、その改革を本当に進めなければ逆に命令系統が混乱し大きな政府となりデメリットとなる。

ただ、これをメダルの裏表論争、賛成・反対の水かけ論争、すれ違い論争に終始させてはならない。確かに州構想にはメリットもあればデメリットもある。これまでの賛成・反対論争は、あたかも、それが力比べであるかのように見える。しかし一方だけを主張するモノの見方は間違いだ。

メリットとされる、①地域圏の一体的整備、②魅力ある広域圏の形成、③行財政基盤の強化、という話は地方自治で言う「団体自治」を重視する立場からの主張だ。

他方、デメリットとされる、①住民の声が届かなくなる、②府県で育まれた文化を喪失、③勝ち組、負け組がはっきりし、州内でも州都から遠い地域は地盤沈下する、という話は、「住民自治」を重視する立場からの主張と言えよう。

州構想の賛成論者は前者を強調し、反対論者は後者を強調する。巷間行われる賛成・反対論争はこのすれ違い論争のように見える。州構想をめぐるこの論争は、交わりのない水かけ論争のように見えるが、はたしてそうだろうか。筆者はそうは考えない。

間違いなく、広域化に伴いスケールメリットは働く。だから州構想により団体自治の規模を拡大すべき理由は正しい。しかし、規模拡大に伴い住民自治の側面が萎える心配があるとの指摘も正しい。しからば、どうするか。団体自治の規模を大きくしながら、一方で住民自治の規模を小さくする。広域政策、広域業務を州政府に任せる一方で、旧府県や一定規模の市を生かしながら「住民自治」を充実させる方策を講じたらどうか。つまり、旧府県を単位に地域自治組織のようなカウンティ（郡）を置くことも考えられる。市町村を強化するなど、住民自治の萎えることを防ぐ方策はいろいろあろう。

州制度問題は、新たな行政制度をどう創設するかという制度設計の問題であるが、同時に国、地方が抱える構造的な集権体制をどう解体するかという改革手段の問題でもある。この点を忘れてはならない。筆者の言う「州構想」は日本再構築の切り札である。

地方分権への流れを加速

この州構想改革で、これまで四七都道府県制度に巣食ってきたムダを財政面だけでも二〇兆円近く排除できる。消費増税一〇％分カットできると見る。第Ⅴ章で述べたように、日本はこの十数年、中央集権に代え地方分権体制が望ましいとし、様々な制度改革を進めてきた。二〇〇〇年に四七五本の法律を一括改正した「地方分権一括法」の施行は、その意思の表れだ。分権国家の究極の姿は「道州制」だとし、それに向けた改革構想も練ってきた。

一五年前の第一次安倍政権（二〇〇六〜〇七年）は道州制担当大臣を置き、その設計を委ねられた道州制ビジョン懇談会は「二〇一八年までに日本は道州制へ完全移行すべきだ」（二〇〇八年三月中間報告）と提言し、必要な法整備を求めた。先述のように、この流れはいったん民主党への政権交代で止まるが、再び二〇一二年一二月に政権復帰した自民党は「道州制推進基本法」をまとめ、与党公明らと法案提出の準備に入りながら、迫る衆院選不利と見て二〇一四年春、通常国会への法案提出を見送っている。

その後は鳴かず飛ばずである。しかし、そうした政治の意思とは別に、世の中の事態はより深刻な方向に進んでいる。人口減少は加速し、累積債務は一三〇〇兆円に達し、市町村の半数が人口半減などの危機にある。現在のこま切れのフルセット体制と、国民から遠い中央政府がセンターとして仕切る中央集権体制はどう見ても時代に合わない。

その改革方向は州構想への移行にある。日本全体を約一〇の広域州とし、各州政府が内政の拠点となるよう大胆に分権化する。身近なところで税が集められ、使われていく。結果として、ムダは省かれ、人口・企業の地方分散は進み、日本全体が元気を取り戻すこと

図6－2　これまでの道州制論議の流れとその類型

大きな流れ

・1960年代～　官治型道州制（国の出先機関統合、州担当大臣）
・1990年代～　自治型道州制（地域政府創造、地方主権、州知事）

道州制構想の5類型

①官治型（1）～国の直下に国の第1級総合出先機関としての道州
②官治型（2）～都道府県と併存、もう1層上の新たな広域道州
③自治型（A）～国の1級総合出先機関と府県併合の融合型道州
④自治型（B）～都道府県に代わる新たな広域自治体としての道州
⑤連邦型　　　～連邦国家を構成する州、邦、共和国を想定の道州

になる。

大都市を基礎に州構想を

歴史上、「道州制」という表現で何度もこの改革構想は浮上しては消え、消えては浮上してきた。なので「幻の改革構想」というレッテルすら貼られている。ただ、次第に官治型（国の総合出先機関）から自治型（自立した広域自治体）に中身が変わってきており、府県制に代わりうる州制度として中身が備わってきている。

一五年前、第一次安倍政権で道州制担当大臣（渡辺喜美）を置き、道州制ビジョン懇談会は「地域主権型道州制」へ移行すべきと中間報告をまとめた。

しかし、その後、民主党に政権交代し、議論は停止してしまった。もちろんそれだけでなく、従来のものは、①上から目線の羊羹《ようかん》切りのような区割り論が先行し、②

小規模町村の反発が目立ち、格差拡大を懸念する声に押され、③各省は権限の縮小に抵抗し、④中小自治体は財政悪化や政策力の不安から分権改革そのものにも腰が引けてしまった。結果的に道州制移行は〝幻の構想〟となっているという訳だ。

ただ、筆者の言う日本型州構想はそうではなく、道州制という表現を使わないだけでなく、「卸売業を中心とする府県制度」の仕事が次々に政令市、中核市の誕生で奪われてきており、府県行政が空洞化しているところを問題にしている。

そこを見たうえで、下からの目線、地域からの目線で実在する政令指定都市（二〇）や中核市（六〇）をそれぞれ特別市、政令市に格上げし、それを外から包むように広域行政を担う「州」政府をつくり、国の内政の権限を大幅に移管し、JR九州、JR東海、JR西日本のように自立できる内政の拠点をつくるというものである。

日本にはすでに州制度移行の素地は相当できている。二〇政令市、六〇中核市をそれぞれ政令市→特別市、中核市→政令市に格上げし、この都市自治体にほとんどの府県業務を移管する。そのうえで内政（厚労省、国交省、文科省など）に関わる国の本省業務、ブロック機関の業務、残存する都道府県の業務を融合するかたちで「州」政府を創設し、内政の拠点とするなら州構想は実現できる（左図）。
　また北海道は北海道州、九州は九州州となり、「道州」という表現を使う必要もない。なので筆者はこれを「道州制」ではなく「日本型州構想」と呼んでいる。稼げるところに稼がせる、大都市、州が国を引っ張る仕組みという訳だ。歴史軸で言うと、明治期に国↓府県↓郡（一部市）↓町村という四層制でスタートした統治体制は、二〇世紀中頃から国↓都道府県↓市町村の三層制となっているが、二一世紀の今後は国↓州（一部都市州）↓市（一部町村）に組み替えることになる。

図6－3　日本型州構想

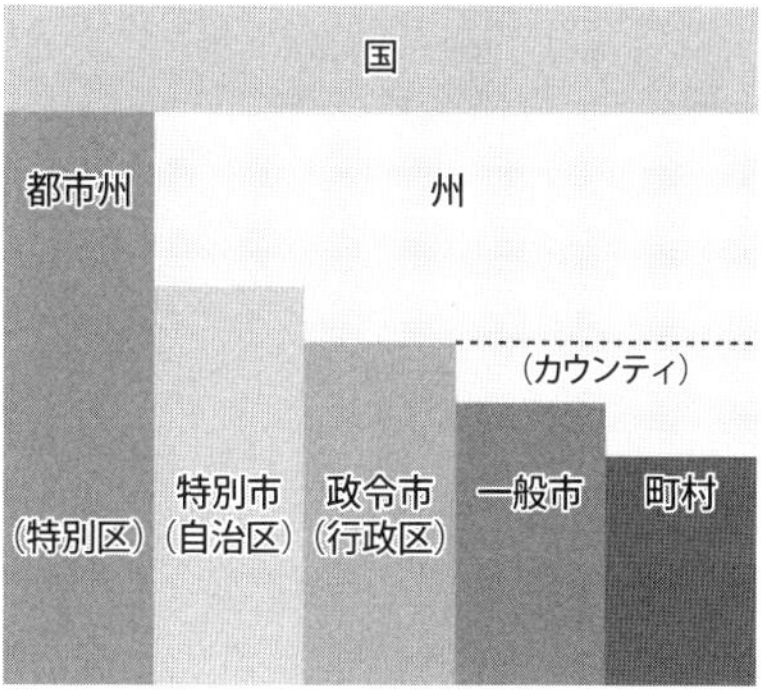

　よく都道府県がなくなるのは心配だという。しかし、それは行政区分上の話であって地域がなくなる訳ではない。州構想が実現しても、日常生活に定着している都道府県名は地名として残るし、甲子園の都道府県対抗高校野球も残る。生活上何の支障も出ない。また自治体としての府県機能を即廃止という考えもあるが、都道府県は州の出先機関（カウンテ

ィ）ないし地域自治組織として残せる。新特別市、新政令市、市区域外の市町村を補完するカウンティ（郡）として残し、これまでの県の下にあった「郡」が半世紀かけて順次自然消滅していったのと同じ方向を、カウンティとしての府県も辿ればよい。

もう日本は、これ以上の東京一極集中も地方過疎の進行も望まない。次代を見据えた賢い統治システムを生み、人口減時代でも元気な日本をめざす時だ。

州制度移行——三つの理由

日本を広域圏に合った州制度に変える理由は大きく三点にある。

一つ目は、人口減少の右肩下がり時代に応じて国、地方の政府機構を賢く畳むためだ。

二つ目は、地方分権を進め地方主権の国を創るためだ。都道府県を廃止し、市町村も必要なところは再編する。政令市、中核市、特別区などの都市制度を強化充実し、そこへの権限、財源を府県から移したうえで、国からは内政の権限、財源を各州に移し、内政の拠点とするのである。

三つ目は、財政再建、健全化のためだ。幾重にも重なる国、地方の行政機関を賢くシンプルに畳み、国民の税負担をこれ以上増やさない前提で行財政の仕組みを再構築する。

図6-4　なぜ州制度へ移行なのか

①人口減少国家
〜右肩下がり時代に応じた「たたみ方」

②地方主権国家
〜都道府県廃止、市町村再編、都市制度の強化、中枢都市圏の形成

③財政再建、健全化
〜歳出削減、出先機関と府県と州の統合

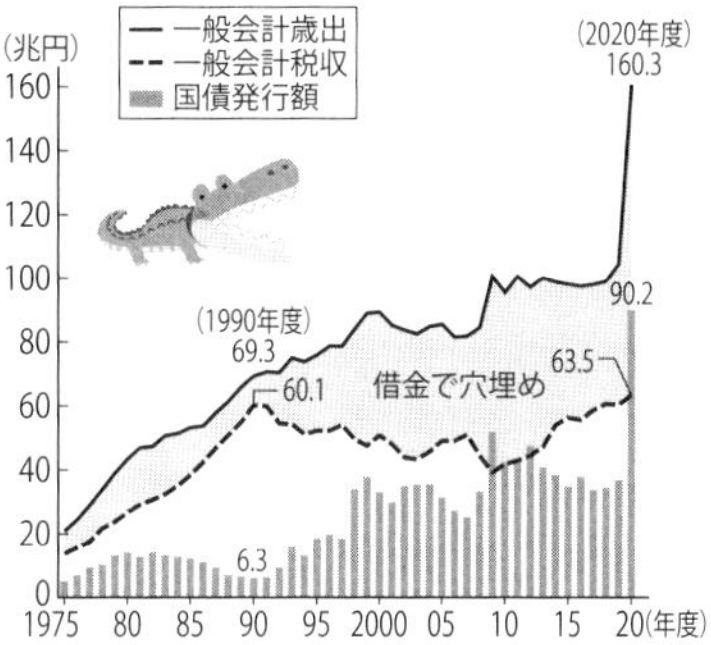

「州構想」の実現で、各州は国から移された財源や立法権、行政権、一部司法権をフルに使い地域的に自立を始める。内政の拠点となる各州は広域政策の主体として、道路・空港・港湾など広域インフラの整備、科学技術の振興、州立大学などの高等教育、域内経済や産業の振興、海外都市との交易、文化交流、雇用政策、州内の治安、危機管理、環境保全、医療保険など社会保障サービスを担当する。政策減税で企業を呼び込むことも可能となる。日本が一極ではなく、一〇極の多極分散型の国に変わる。

国鉄改革と似ている

このように国家権力は分散し、各州知事には実力ある政治家が就くようになる。ゆくゆく日本の首相は、州知事から選ばれる時代ともなろう。巷間、

「道州制」（州構想）はよく理解できないという声を聞く。実体がないのでそれも分かるが、ざっくり言えば、それは三〇年前の「国鉄改革」に似ていると見てもよい。

州構想は国鉄改革の政府版と考えてよい。かつて国鉄は全国に張りめぐらされた鉄路を一つのサイフとし、東京本社で一括管理していた。それが赤字に転落したのは一九六四年（昭和三九）、前回の東京オリンピックの年だった。赤字解消をめざし何度も国会で経営改善計画を取り上げたが、悉《ことごと》く失敗。結局、一九八七年の土光臨調で分割・民営化が打ち出され、人国鉄は解体し、七つのブロック会社（JR）になり、見事再生した。

当初、地方切り捨てとか運行本数の地域格差が拡大すると批判された。だが大改革から三〇年経って結果はどうか。それまで万年赤字であった国鉄、全国の鉄路を一つのサイフとし、東京の本社で一括管理してきた「ドンブリ勘定の国鉄」を思い切って七つの民間会社（JR）に分割民営化し、広域のJR各社が様々に経営努力をした結果、慢性赤字とガバナンスを失った国鉄は、見事蘇《よみがえ》ったではないか。JR九州は高級リゾート列車「七つ星」を開発するなど全国のモデルになっている。

多くの国民は、この国鉄改革は成功であったと認めている。筆者の言う「日本型州構想」への改革も、税金の多くを国が集め、国の意思で再配分する中央集権体制の打破、それに代わり広域圏域に自立した地方政府をつくり税の使い道を含め地域で決め内政の拠点とする点で国鉄改革と似ている。

これによって圏域の自立経営を促す。日本の中に自らの意思と知恵による地域圏競争が起こる、海外との交易も窓口は国（外務省等）ではなく各州に移る。そのことでグローバリゼーションへの対応も十分可能となる。

概ね一〇程度の区域割りに四七都道府県を再編統合し、そこを内政の拠点とするよう国・地方の権限を移し、広域圏の経営主体となる地方政府をつくるのである。これによって国は外交、防衛、通貨管理などに役割を絞り、地域のことは地域で経営する地方主権の国家体制が生まれる。

このように日本型州構想は、従来の都道府県を足場とする中央集権体制に取って代わる、分権型の州政府による広域時代にふさわしい統治機構への大転換を図る構想なのである。米国カリフォルニア州一州の面積の日本に四七ではなく、一〇の州ができ内政の拠点を担う。これが新たな国の姿と言えるのではないか。

第Ⅶ章　州制度の設計ポイント

州制度移行のメリット

州制度移行のメリットはどのようなものか。端的に言うとＧＤＰの三分の一を占めるまでに財政が膨張した国、地方の統治の仕組みを大幅に簡素化し、人口規模に合うよう合理化することで政策能力を高めようということである。

ただ、州制度移行を単に行政改革の面だけで捉えるのは間違いである。もっと広く民間活動を府県単位に縛り付けているくびきを外し、より経済活動にダイナミズムを生み出す。空港、港湾、道路など社会資本を州単位で有効に活用する、さらに日本を、東京一極集中ではなく多極分散の国に変えていこうというものだ。日本を元気にすることだ。これは明治維新、戦後改革に次ぐ第三の改革と言ってもよい。

図7－1　州制度を踏まえた国と地方の新たな関係

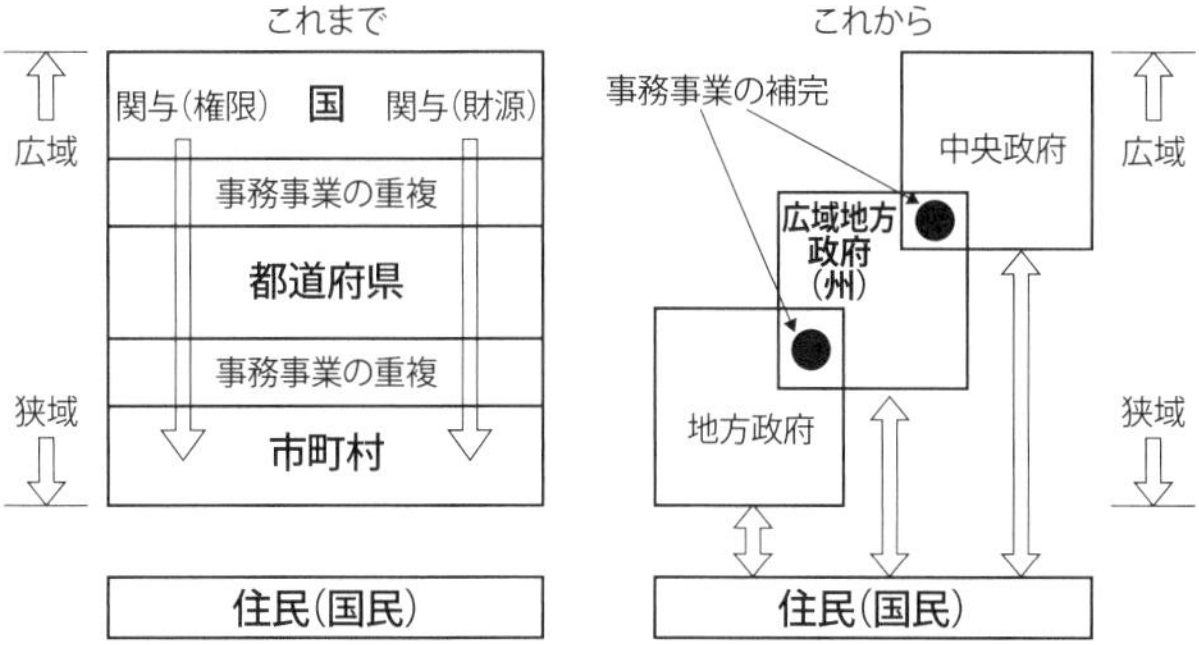

具体的に州制度移行のメリットを示すと、大きく次の三点となろう。

第一は、政治システムを変えること。都市国家に変わった日本、その多元化、多様化したニーズに応えるには、遠い政府の判断を待つまでもなく、身近な政府が意思決定する時代だ。欧米諸国がそうであるように、中央集権を改め、地方分権を進めることで地方主権国家をつくること。

身近な市町村を第一の政府に据え、補完性の原理および近接性の原理に基づいて行政を行う。国、広域自治体および基礎自治体の間の役割を全体的に見直し、都道府県から市町村へ、また国から道州制への大幅な権限移譲を行う。すると、政治や行政が身近なものになり、公共サービスの受益と負担が明確になる。住民参加による政策形成が可能となり政策決定の透明性が増す。自己決定、自己責任、自己負担という民主主義の国づくりが本格化するのである。

第二は、日本全体の経済の活性化につながること。東京一極集中ではなく、各州圏域が自立的で活力のある競争的発展の可能な国土構造に変え、国際競争力を高めていく。

州が圏域における主要な政治行政の主体としての役割を果たせるよう、国と地方の事務配分を抜本的に見直し、それに見合った税財政の仕組みを備えた制度に変える。すると、東京一極集中が是正され、多様性のある国土と生活が生まれ多極分散型の国に変わる。

さらに一〇〇〇万人口を基礎に一定規模と権限を持つ州による広域圏経営で、広域の経済文化圏が形成され、相互に切磋琢磨によるダイナミズムが生まれる。また、圏域の諸課題について主体的かつ自立的に対応できるようになれば、圏域相互間、さらに海外諸地域との競争と連携がいっそう強まり、自立的で活力のある圏域の実現が期待できよう。

第三は、ムダの排除だ。国と地方を通じ簡素で効率的な統治システムに変えていくこと。

国から道州への権限移譲とともに法令による義務づけや枠づけを緩和し、州政府が企画立案から管理執行まで一貫してその役割を果たせるシステムに変えることで、国・地方とも行政の効率化が図られ、責任の所在も明確になる。すると、国の縦割り省庁による重複行政がなくなり、補助金のムダ遣いや陳情合戦のような政治のムダが排除される。

内政の仕事の多くを州に移すことで中央政府を国家戦略や外交、危機管理など本来の国家機能に純化・集中させることができる。総じて州制度導入という改革で、国、州、市町村全体が見直され、現在より二〇兆〜三〇兆円規模の財政削減が可能となる。

明治の「廃藩置県」が人口拡大期に備えた政治革命だったとすれば、これからの未曽有の人口縮小期に備えた政治革命は「廃県置州」である。真の地方創生、日本再生はこうした統治機構の大改革からしか生まれない。日本の政治が真正面から挑むべきテーマは、この大改革である。

現在のような、国・地方がもたれ合い毎年七〇兆円もの赤字をたれ流し、歳出削減すらできず、累積債務が一三〇〇兆円にも膨れ、誰が経営責任を負っているか分からない。人気取り政策合戦、ポピュリズム政治が続き、与野党とも改革案すら出せない。こんなもたれ合い政治を断ち切ることだ。

どんぶり勘定の国家経営の先に何があるか。国家の破綻しかない。政策の失敗、歳入不足をひたすら借金で隠し、選挙が終わると屁理屈をつけながら増税（値上げ）で国民にそのツケを回す。これはどう見ても旧国鉄と同じではないか。

こうした日本の統治体制を打破することなく、日本の将来に希望を持てと言っても国民には虚しく聞こえる。

州構想とは

四七都道府県制に代わって、内政の拠点になる一〇程度の州（広域自治体）を設置することを「州構想」と呼ぶ。その骨格は概ね次のようなものになろう。

①国と地方を通じ簡素で効率的な政府システムに変えていく。
②地方公共団体として都道府県に代えて州を置き、市町村との二層制とする。
③東北、関西、九州などブロック広域圏を単位に、約一〇の州につくり変える。
④州への移行は全国同時が原則。ただ、国との協議によって先行も可能とする。
⑤都道府県の事務は大幅に市町村へ移し、国の事務はできる限り州へ移す。
⑥事務事業の移譲に伴い、国から州へ税財源を移す。
⑦地域の偏りが小さい税目の充実で分権型の地方税体系を実現する。
⑧州の執行機関として長を置き、直接公選とする。多選は禁止する。
⑨議決機関として議会を置き、議員は直接公選とする。

図7－2　州制度の3類型

類型	知事	議会	役割	自治権	性格
①地方府	官選	公選	不完全自治体	△	中央集権型
②道州制	公選	公選	広域自治体	○	地方主権型
③連邦制	公選	公選	独立地方政府	◎	連邦国家型

もっとも、州の性格づけや区割り、担当業務、地域格差調整、国、市町村との役割分担など議論を詰めるべき点は多い。その設計上の主な論点について挙げておこう。

州制度設計上のいくつかの論点

（1）州の性格づけをどうするか

①中央集権体制を補完するような地方府とするか
②現行憲法の地方公共団体の範囲で「道州制」とするか
③憲法を改正し、連邦制の州とするか

一つ目は「中央集権的州制度」とも言える「地方府」構想。道州議会は公選議員で構成されるとしても、執行機関の首長（道州知事）は国の大臣に相当する官選ないし任命制の知事（地域担当大臣）を置き、自治権の小さな「地方府」とするというもの。

二つ目は「地方主権型州制度」とも言える「州」構想。憲法改正をせず、府県に代えて、都道府県の統合と国の出先機関を包括し、国から行財政権限を移譲することで、権限の大きな広域自治体としての「州」を内政の拠点にしようというもの。

三つ目は「連邦国家型州制度」とも言える「連邦州制」構想。憲法を改正し、米国、ドイツ、ロシアのような連邦制国家に移行し、そこでの独立した地方政府を「州」とするというもの。

筆者の考え方は第二の地方主権型州制度に当たる。もっとも、政府の道州制ビジョン懇談会が述べてきた地域主権型道州制は、いわゆる地方分権をより徹底した、地方主権の確立を全面に打ち出した道州制の提言である。大きくは①でも③でもなく、その中間に位置するという意味で筆者の第二類型に該当すると言えよう。

州の性格について筆者は②の地方主権型州制度が望ましいと考える。

（2）州の所掌業務をどうするか

州の役割、所掌事務の範囲をどうするかは重要な論点だ。国と地方の役割分担をめぐる議論は昔からある。州制へ移行する際は、従来の国の役割と州の役割が入り混じる「集権・融合型」のスタイルではなく、国の役割と州の役割が明確に分離する「分権・融合型」のスタイルに変えていく必要がある。その際どのような役割分担にするか、選択肢はいくつかある。

第一の考え方は、国の各省庁の地方出先機関の所掌事務のすべてを移管するというもの。

第二は、国の各省庁の地方出先機関の所掌事務のすべてと都道府県の事務の一部を移管するというもの。

第三は、国の各省庁の地方出先機関の所掌事務の大半と都道府県の事務の一部を移管するというもの。

筆者の考えは第三に近い。国の本省から権限移譲される事務として、国道の管理、一級河川の管理、保安林の指定、大気汚染防止対策、地域産業政策、自動車登録検査、職業紹介、危険物規制なども加えなければならない。

もとより、事務権限の移譲もさることながら、より重要なことは州への「立法権」の移譲である。立法権の移譲は政策・制度の企画立案権の移譲と言ってもよい。その方法として、国庫補助負担金とこれに付随する補助要綱・補助要領等をできる限り廃止する、法令等を大綱化・大枠化し細目は州または市区町村の条例に委ねることが大事である。

（3）区域割り、制度の柔軟度について

①九～一三州案のうち、どれを選択

②標準型の画一的州制度か

③特例型を認めるか（東京、大阪、北海道、沖縄）

区割りに対する関心度は高い。従来、道州制の議論はある意味でこの区割りの議論に終始してきたと言ってよい。また都市特別州をつくるか、現行の府県域を割るかどうか議論すべき点は多いが、次章ではざっくり一一の広域州に分けて各州の特徴を述べている。

政府などの案は各省出先機関の担当地域や電力会社、JR各社を単位とする区割り案が多いが、実際に整備されている新幹線など交通機関のつながりを重視した独自の区割り案も有力だ。作家の堺屋太一氏の提唱する「二都二道八州構想」という案がそれだ（堺屋太一『団塊の後──三度目の日本』毎日出版、二〇一七年）。

二都とは東京都と大阪都（府市合体が前提）、二道は北海道と「南海道」（沖縄県と鹿児島県奄美群島の一部）を指し、それを除く八州は次頁の図のような区割りである。

これらの捉え方は、「北陸・信越州」でくる五つの県は北陸新幹線でつながっているといった具合で、人などの動きを見た現実的なもの。従来にない案だが説得力がある。

図7－3　2都2道8州――堺屋太一氏の州構想案

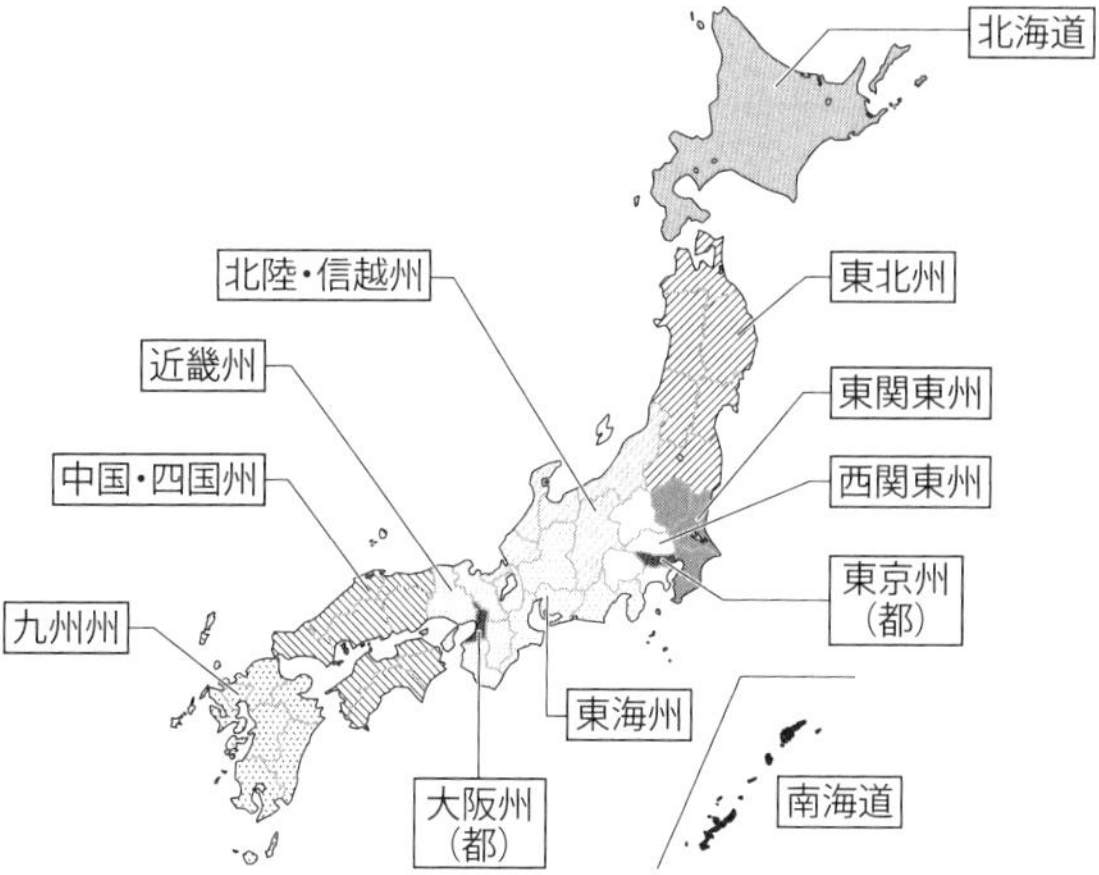

2都	東京都	大阪都(府市合体)
2道	北海道	南海道(沖縄県＋鹿児島県奄美群島の一部)
8州	九州州(福岡県＋佐賀県＋長崎県＋熊本県＋大分県＋宮崎県＋鹿児島県)	
	中国・四国州(岡山県＋広島県＋山口県＋鳥取県＋島根県＋香川県＋愛媛県＋高知県＋徳島県)	
	近畿州(京都府＋滋賀県＋奈良県＋和歌山県＋兵庫県)	
	東海州(三重県＋岐阜県＋愛知県＋静岡県)	
	北陸・信越州(福井県＋石川県＋富山県＋新潟県＋長野県)	
	西関東州(神奈川県＋埼玉県＋山梨県＋群馬県)	
	東関東州(千葉県＋茨城県＋栃木県)	
	東北州(福島県＋宮城県＋岩手県＋山形県＋秋田県＋青森県)	

（4）移行手順や時期をどうする

①州制度移行制基本法（仮称）を制定し、全国一斉か

②「条件の整った地方」から順次移行する

③いつ頃の移行を目標とするか

この場合大事なのは、各州（ブロック圏）が自分の地域をどうしたいか、どのような売りがあるか二年程度時間をかけて主体的に議論し一定の合意を得ることだ。その合意が早く出来たところから順次移行し、五年以内にすべてが移行できればよし、というぐらいのスピード感でよいと思う。

（5）市町村と州の関係はどうか

①都道府県から市町村への権限・事務移譲をどう進めるのか

②政令市など大都市の扱い（特別市、都市州）

③小規模町村の扱いの両極の問題

これについては先の図6―3（一二九頁）で説明したように政令市、中核市をそれぞれ

図7－4　州制度下の税財政のフロー

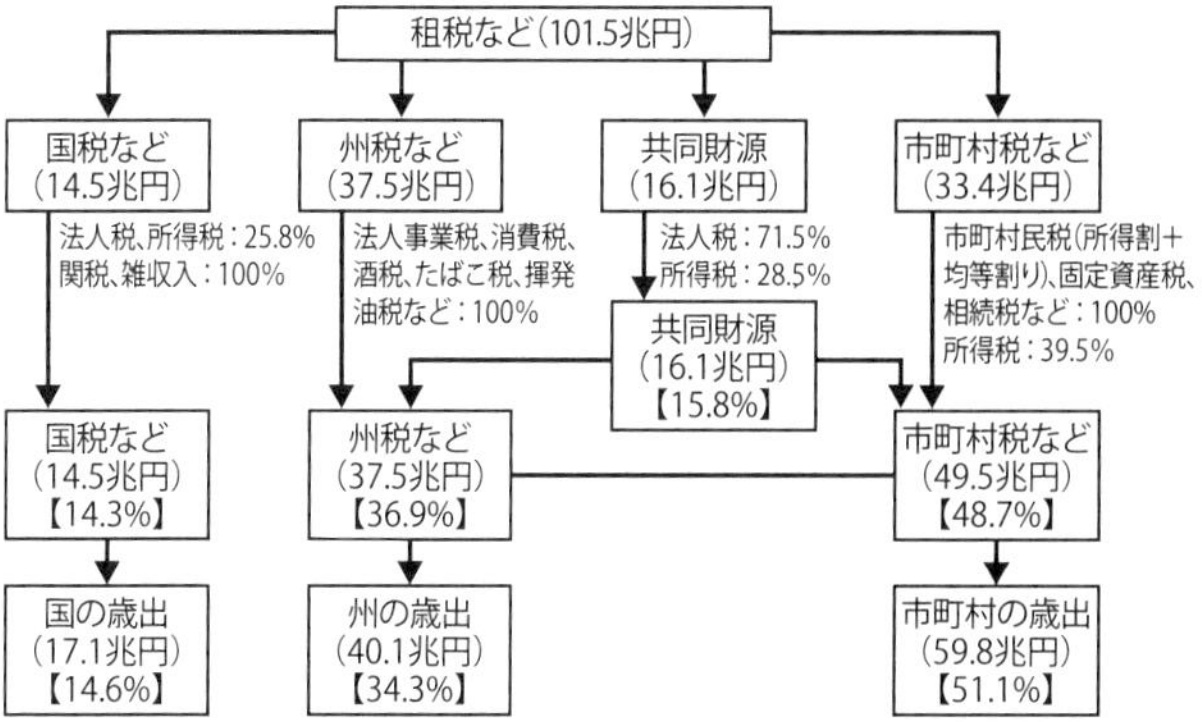

特別市、政令市に格上げし、府県業務の大半を移したうえで州を構想する。旧府県をカウンティとして残し、小規模市町村の補完、代行に当たることを想定してよい。

（6）地域間格差是正の方式はどうする

①州税、地方交付税で格差調整できるか
②膨大な国債の償還はどうするか

税源配分は国税、州税、市町村税と仕事量に応じて集める仕組みを大原則とする。ただ、州間格差を是正する方式として共有税（ないし共同財源）をつくる。これは現行の地方交付税の役割に似たものだが、それぞれの州の持ち合い財源という性格のもので国が配るという仕組みを意味しない。

現在の一〇〇〇兆円を超える国債（借金）の返

済も、例えば国道を州に売るかたちをとり、東京や大阪を通る国道は高く売り、それ以外の地方は時価の相場で安く売る（時価方式）。そのカネで国債を返済するなら経済力の強い大都市圏が多く国債を返済するかたちになり、全国で自動調整されていくことになる。

（7）州政府の統治の仕組みをどうする

①現在の二元代表制を踏襲するのか
②首長、州議会議員の選出をどうするか
③州公務員制度はどうするか
④現在の府県職員、国の出先職員をどうするか

いままでほとんどこの州組織（自治制度）の議論はなかったが、上記①～④の論点を一つひとつクリアしていく制度設計の議論は今後急ぐべきである。

州政府のイメージは、現在国が担っている内政に関する役割のうち、広域的な政策立案を要する地域戦略、観光政策、産業政策、インフラ整備、地域振興や自然保護、福祉などを担当するというもの。可能な限り州同士が競争関係にあり、海外との結びつきも含め互

いのよさを最大限発揮することが狙いである。

州の執行機関として州知事を置く。州知事は住民の直接公選とし、任期は四年とする。ただし多選（四選以上）は禁止する。州知事は事実上、内政に関し執行権のみならず予算案と法案の提出を独占することで強いリーダーシップを発揮できる。しかし、それ以上に大切なことは、議会から選ばれる議院内閣制下の首長と異なり、住民から直接公選されるという民主的正当性を有している点だ。

もう一つ、州議会を置く。規模は現在の四七都道府県議会議員二八〇〇名を八〇〇〜一〇〇〇名に減らす考え方だ。一州議会八〇〜一〇〇名の議員で議決機関の役割を担う。

（8）中央政府の仕組みをどうする

①内政の拠点を各州に移し、関連省庁を廃止した後の中央政府の仕組み

②国会は二院制でよいか

③参議院を地方代表、州代表制に変えるか

国の役割を外交、防衛、危機管理、通貨管理、統一事務（年金など）に限定する関係から、これまでの一府一二省体制を維持する必要はなくなる。内政関係を所管する省庁（総

務省、国交省、文科省、厚労省など）は基本的に業務が州に移されるから廃止も検討されよう。衆参両院議員の数も三分の一ないし二分の一の数で済むかもしれない。

その点、州構想の実現は国の立法府、行政府のあり方まで関わるため、大再編が必要になる。

州都争いが心配

それぞれの州には「州都」ができる。これまで各県に「県都」（県庁所在地）があったように州の様々な機能が集積し中心地になる。国の場合、首都という存在があり、分散を狙い「副首都」ができたりする。そうしたことから日本で一〇程度の州に移行する場合、「州都争い」という言葉もあるようにその誘致合戦も想定される。

ヨーロッパや米国には都市構造について、「ポリセントリック」という考え方がある。Poly（多くの）とCentric（中心）の複合語が意味するように、多数の都市が一定の機能、能力を持ち、それがネットワークで結ばれ、相互に競い合い支え合うかたちを指す。多極分散型都市構造と言えば言えなくもない。他方、一つの都市のみに機能、能力が集中し、周囲はその主体に追従しなければならない都市構造を「モノセントリック」という。一極集中型都市構造と言い換えてもよかろう。

日本を州制度に変えると「州都一極集中」が起こると反対する人がいる。国全体が「東京一極集中」でまさにモノセントリックなのに対して、一〇程度の州ごとの中心都市ができることの方が大きくはポリセントリックだと思うが、それは横に置き反対する。都市国家に変貌した日本の場合、すでにある政令市、中核市、特別区など一〇〇近い都市制度適用地域がそれぞれ中心性を持っており、仮にそのどこかを州都に定めたから直ちに州都一極集中になるとは考えにくい。

米国カリフォルニア州の州都はロサンゼルスでもサンフランシスコでもなく、そこから四〇キロ以上内陸に入ったサクラメントという四〇万都市がなっている。これを例に日本でも各州のナンバーワンの大都市ではなく、少し離れたところを州都にすべきだと主張する人もいる。

一つの理想かもしれないが、日本全体が人口規模も拡大し新たな都市がどんどんできていく高度成長期ならともかく、その逆の動きにある。これからはむしろ既存の大都市を州都とし、その機能を活かしながらそれと各州の中小都市をうまくネットワーク化するほうがよいのではないか。各県二空港など九二にもなった空港を各州がどうつなぎ利用するかも重要である。

府県名が消える？

州制度移行に反対する人たちの一つの心情として、慣れ親しんだ都道府県の「名称」が消えることへの抵抗感がある。市町村合併の場合もそうだった。確かに州制度を導入する場合、自治体は州と市町村の二層制とし都道府県を廃止するものであるが、しかし都道府県の区域は名称を含め長い歴史を有し国民の意識に定着している。

その点、その名称や区域が社会の活動に引き続き活かされるよう工夫することが望ましい。例えば東北州岩手、東北州宮城というかたちで住所に旧県名を使う方法があろうし、行政内容によっては旧府県単位で処理した方が望ましいものもあろうから、米国等のカウンティ（郡）のような広域行政を担うかたちで府県をしばらく活かすこともできよう。

また高校野球の甲子園大会や都道府県対抗の駅伝大会のスポーツ面でも旧府県の区域を活かすことができる。

州制度になると、役所が遠くなるという批判がある。確かに物理的に遠くなる可能性は否定できない。しかし、いまでも中二階自治体とも言われる県庁も住民から遠い。日常生活で県庁の出先機関に行くのはパスポートなどの手続き以外、一般の人々にはあまりない。いわんや本庁に行くことなどめったにない。

その点、州になったからといって、行政サービスに関し州役所が遠くなるということはあるまい。必要なサービスは州の出先機関を通じて行われることになる。

むしろ設計上、現在の府県と市町村でも十分でなかった基礎自治体の意見を州政府に反映させる仕組み、対等な協議機関をつくることが必要ではないか。国政への州参加と同様、州への市町村参加の道を拓いていく。州制度移行をこうした改革機会にすることが望ましい。

国民の合意をどう得るか

また、こうした州制度移行に関しては、デメリットを指摘し心配する向きもある。

第一に、国の「上からの調整機能」が失われるため、地域間の格差がむしろ拡大する。

第二に、州に十分な人材が集まらなければ、政策能力が伴わず、国の関与が続いてしまう。

第三に、規模が大きくなることで住民との距離が広がり、住民自治が形骸化する。

図7－5　州制度の合意形成のポイント

①国民の合意（府県制は日常生活に定着——脱皮は可能か）
②州間の格差、特に財政格差をどう解決するか
③国会議員、官僚、府県知事・議会がはたして賛成するか
④県警察、国有林野、高裁などを州に移譲しても国の統一性を確保できるか
⑤いったいいつ頃導入するか、政治主導の内閣はできるか

第四に、州の間の経済格差が大きくなり、勝ち組、負け組がはっきりする。

第五に、地域の伝統や文化、歴史が失われ、地域個性がなくなってしまう。

これらの指摘にはこの先の制度設計上、十分吟味してかかる必要がある。ただ、こうしたデメリットのみを強調していても日本は変わらない。人口減少は着々と進み、壮大なムダが放置され財政破綻が現実化する。それを食い止めこの国にダイナミズムを生み出すには、夢のあるビジョン、競争と選択、そして自立と参画をキーワードに改革に挑むしかない。

そのうえでだが、合意形成のポイントを挙げるなら上の図（①から⑤）となろう。

究極の分権国家づくりが州制度への移行と考えるが、一つ間違うと集権的な州制度へ後退してしまう可能性もある。民主主義の原則を踏まえないと「官治型州制度」へ堕してしまう。絶

対に戦前の府県制度のような州制度になってはならない。日本再生の切り札となる改革構想。もっとも人口減少が加速し、借金の重みが増す中、改革への残された時間はそう長くない。政治の怠慢から早く脱し、若い人たちも希望の持てる日本づくりを急ぐべきだ。

実現可能な移行シナリオ

先に堺屋太一氏の区割り案を紹介したが、氏は州構想実現に向けてのシナリオにも独自のアイディアを提示している（前掲書）。

まず、直ちに都道府県を廃止して州制度に移行するのではなく、三〜五年は各都道府県を従来通りに存続させ、議会も存続させながら移行する考え方だ。

当面、それぞれ「州」ごとに「知事会」を結成し、州で行うべき広域行政はその「知事会」で共通条例の制定や州重点事業、州共通事業を決め、予算・金融財政上の調整を行う。「州知事会」には常設の事務局を置き、国と所属府県の職員の一部を移籍させる。知事会の会長は当面、所属知事の互選とするが、一定期間（例えば五年）をすぎたら、各州の有権者が直接選挙で「州知事」を選ぶようにする。

また都道府県議会についても当分の間、従来通り残す。ただ、なるべく早期（例えば三年以内）に住民の直接選挙で「州議員」を選び、州議会を設けるようにする。それまでの間は、各府県議会から概ね人口一〇万人に一人程度の「臨時州議員」を選出し、臨時州議会において州の予算や決算、州条例、主要なプロジェクトなどの審議を行うようにする。

これらのルールをあらかじめ法律（州制度移行基本法）で決めておく。これはEU型の「府県連合」（州）をつくり、なし崩し的に州制度へ完全移行するというソフトランディングを狙った考え方に近い。三〜五年で州の体制を固め、そして州都も建設していく。

確かに改革の進め方として、こうした方法が現実的かもしれない。まずバーチャルで大くくりの広域州をつくり、暫定で知事、議員を選び、固有職員を持つ州政府の体制を固める。そうしながら一方で、現在の都道府県をある程度の時間をかけて自然消滅させ、五年経ったら全面的に州制度への移行を完了するというシナリオである。

これなら多くの国民にも受け入れやすいものとなろう。筆者もこの考え方に近い。

第Ⅷ章　それぞれどんな州になるか

州制度でどう変わるか

それぞれの州は「来てよし、住んでよし、食べてよし」とどう変わっていくだろうか。ここでは第二八次地方制度調査会の一一区割り例をもとに、各州の簡単なデッサンをしてみたい（詳しくは拙著『この国のたたみ方』第四章、新潮新書、二〇一九年）。州都についても一言ふれる（筆者コメント『週刊ポスト』二〇二〇年一二月四日号）。実際の都市名を挙げたのでモノセントリック（州都一極集中）ではないかとの批判もあろうかと思う。現実的な州都候補として議論に付すことが目的なので、一例と捉えて戴きたい。

本書は一〇州構想を掲げているが、「中四国州」とするか、中国州、四国州を分けるべきか、議論の熟度がまだ低いと見るので、後者の二つの州論を残す観点から以下では述べている。また東京、大阪については都市二州として別途論述している。

北海道州——北東アジアの拠点

この地域は一つの道なので統合の必要はなく、現在の北海道が州になる。地名として「北海道」を活かし「北海道州」とする。域内総生産額約二〇兆円でアイルランドやポルトガルに近い経済規模。人口は約五〇〇万人の州。州都は集積力から見て一九〇万人の札幌市が有力だろう。

この州は何しろ広い大地を持つのが強み。地球温暖化が追い風となり、寒さと雪で苦しんだ時代は終わる。日本の穀倉地帯となっていく可能性が高い。農業立州の可能性が大きく、小豆やじゃがいもなども有名で酪農王国にもなる。

梅雨のない北海道は強みがある。スキーシーズンだけでなくオールシーズンのリゾート地として世界から観光客がやってくる時代となる。すでにニセコは一大リゾート地だ。

ただ、人口減少をどう食い止めるかである。このところＩＴ産業やバイオ産業の振興、外国人観光客の増加、農水産品や食品の輸出、再生可能エネルギーの導入、自動車関連産業の立地など、経済構造の転換と自立的経済の実現に向けた取り組みの成果が表れてきている。だが、まだ十分とは言えない。これをどう克服していくか。

第一次産業（農林水産）やサービス業等における生産性の向上や労働環境の改善、成長期待産業への民間投資の促進、インバウンド（訪日外国人）観光や食の輸出による外需の獲得など、人口構造の変化に対応した持続的・安定的経済の確立が課題となる。

観光客の呼び込みや二地域居住等による交流人口、関係人口を増やすなど他地域との関わりを強めることも重要だ。広大な面積だけに主要都市間を結ぶ高規格幹線道路の未整備区間があり、整備率はまだ六〇％程度。州として都市機能へのアクセスを確保する、広域的な交通ネットワークの構築を進めることが急がれる。

世界に開かれた北海道州づくりに、新千歳空港の四〇〇〇メートル滑走路を五本まで増やして世界有数のハブ空港としたらどうか。すると新千歳は北米と東アジアを結ぶ一大中継拠点になる。州内の旭川市、札幌市、新千歳空港をより交通網を整備してつなげば、面としての北海道が強化される。海外からの出入国管理も地方分権が進めば、州政府の判断で州内移動に限り、すべての国の国民に対してビザの取得を免除するこ

図8－1　北海道州の構成

地域名		人口（万人）	域内総生産（兆円）	道都（市）
北海道州		525	19.4	
現状	北海道	525	19.4	札幌

とも可能になるのではなかろうか。

地理的に北海道州は北欧諸国（スウェーデン、ノルウェー、フィンランド、デンマーク）より南に位置し、気候風土もよく、条件はこれらの国々より恵まれている。独立心をもってすればこれらの国と並ぶ州にもなれる。

昔から北海道開拓に力を注いできた北海道大学があるのも強み。ここを核に北海道を日本の穀倉地帯に育て上げる研究と教育を進めることができる。北大はすでに北東アジア地域との連携を重視しており、韓国、台湾、中国などの大学とも相互協定を結び、定期的に青年海外協力隊（JICA）へも隊員を送り出している。

前身札幌農学校の初代校長のクラーク博士が叫んだ「Boys be ambitious」（少年よ、大志を抱け）は、現在でも北大のモットーとして受け継がれ、壮大な大地からなる北海道州のフロンティアを物語っているように見える。大きなフロンティアを持つのが北海道州だ。

東北州――日本の食糧基地

東北州（青森、岩手、秋田、山形、宮城、福島）は域内総生産額約三四兆円、人口約八六〇万人の州で、宮城を除くと他の各県は大きな差のない地域バランスのとれた州の性格を持つ。

面積は本州全土の三割を占める。この広大な東北州は唯一、人口一〇〇万人を超える仙台市が州都になると見る。州北部の中心地・盛岡も〝副州都〟になる可能性がある。青年会議所の中には仙台がニューヨークとすれば、田園地帯を誇る一〇町村が合併した栗原市が、ワシントンに当たり州都にふさわしいという主張もある。そうなるには東北州内の合意形成と大規模な投資が要る。

図8－2　東北州の構成

地域名		人口（万人）	域内総生産（兆円）	県都（市）
東北州		867	34.1	
現状	青森	124	4.4	青森
	岩手	122	4.6	盛岡
	秋田	96	3.5	秋田
	山形	107	4.2	山形
	宮城	230	9.4	仙台
	福島	184	8.0	福島

環日本海時代を睨むと、この州は太平洋と日本海にそれぞれ面しているのも強みである。

東北州は食糧基地の性格を強めよう。第一次産業（農林水産）は全国の就業者割合が四%にすぎないのに対し東北州は八%と高い。農業産出額は約一兆五六〇〇億円（二〇一五年）で全国の一八%のシェアだ。特に米が産出額の三二%を占め最も重要なものとなっている。

州内の東西南北には新幹線をはじめ鉄道網が整備され、東北圏と国内他都市の旅客輸送および物流環境が整備されている。二〇一六年には北海道新幹線が開業し、青森から北海道へネットワークが拡大している。現在函館止まりだがやがて札幌まで延びると北海道州、東北州は仙台などを中心に人や企業の集積が増す可能性が高い。

　東北州内には九つの空港があるが、いまのところそれぞれが東京、大阪に飛ぶかたちで州内の一体感はない。すべて赤字空港となっているが、今後はこれを州内のコミューター空港と位置づけ、小型飛行機を相互に頻繁に飛ばす空路の活性化を図れば生きてくる。すると観光も伸び、海外や国内他都市への物流拠点としての力を発揮する可能性が高い。

　州内の国土構造は、仙台という政令市と青森・盛岡・秋田・郡山・いわきの五つの中核市が骨格で比較的バランスがとれている。沿岸や河川沿いの平野部には、人口一〇万人規模の都市が分散立地しているのも特徴で、中小都市の集積力も強みだ。

　世界遺産の白神山地や、ラムサール条約に登録されている伊豆沼・内沼に象徴される水や緑など、豊かで風光明媚な自然環境に恵まれている。三内《さんない》丸山遺跡に代表される縄文文化、出羽三山を聖地とする山岳信仰、「黄金文化」と称される平泉文化など長い歴史に培われた文化や風土も息づく。仙台七夕、青森ねぶた、秋田竿灯など全国的に有名な祭りも多い。

いま機械加工、電子・電気、鋳造などの地場企業群の集積が進み、「小さなトップ企業」が育っているのも期待を高める。

全国的にも評価の高い東北大学は今後州立大学の旗艦校とし、各県に所在する旧国立大をその分校と位置づけ、それぞれの地域特性を活かして農業、工業の知識集約型の研究、教育に特化していくとよい。アグリビジネスのビジネススクールを新たに設置し、日本各地はもとより東アジアを中心に世界各国から留学生を迎え入れるようにしたらどうか。

東北州都・仙台を日本の文化首都にする発想があってもよい。仙台に超一流のシンフォニーホールと練習場をつくり、芸術音楽大学を設け、可能であればＮＨＫ交響楽団の本拠地を仙台に移してもらい、「杜《もり》の都仙台」を文化首都に変身させると東北州は飛躍する。

北関東州――北日本の受け皿

いわゆる首都圏の関東圏を北と南の二つの州に分ける考え方と、そうではなく首都圏は一体なので分けずに州にしようという考え方がある。ここでは前者に立って述べるが、その際、東京区部を特別州として抜き出す可能性があるという注釈をつけておきたい。

図8－3　北関東州の構成

地域名		人口（万人）	域内総生産（兆円）	県都（市）
北関東州		1,513	63.6	
現状	茨城	186	13.8	水戸
	栃木	193	9.1	宇都宮
	群馬	194	8.9	前橋
	埼玉	735	23.4	さいたま
	長野	205	8.4	長野

ここでは長野を北関東に加え、一つの北関東州（茨城、栃木、群馬、埼玉、長野）として捉えてみよう。ちなみにその場合、南関東州は千葉、東京、神奈川に山梨が加わる。

北関東州は人口約一五〇〇万人、域内総生産額約六四兆円という平均より大きめの州となる。データから見ると埼玉が人口で約半分、経済力でも約三分の一を占める。

そうしたことから州都の最有力候補は「関東の辻」とも言われ、現在関東ブロック機関のほとんどがさいたま新都心に集まっている「さいたま市」（一二〇万人）が有力と見てよい。ナンバーツーの都市は宇都宮市（五〇万人）。

さいたま市は四市が合併し後発の政令市としてスタートしただけに未だ市のまとまりは弱い。しかも埼玉は東京の受け皿として人口が急増したこともあり、人口一〇万人あたりの医師数が全国最下位など、医療体制が脆弱《ぜいじゃく》で高齢社会に向けてのアキレス腱と見られてきた。

だが、北関東州の中心に位置づけられれば大学医学部や医大病院の進出も進み、医療体制の強化や医師不足も解消しよう。

関東圏を北と南の州に分けるにしても、関東圏一体の高速道整備が進んでいる点は見逃せない。圏央道によってアクセスの利便性向上と物流、企業集積に大きな成果が生まれている。横浜、厚木、八王子、川越、つくば、成田、木更津などの都市を連絡し、東京湾アクアライン、東京外郭環状道路などと一体となって、関東圏（首都圏）の広域的な幹線道路網を形成する首都圏三環状道路の一番外側に位置する環状道路だ。

国内有数の物流拠点である湾岸エリアと千葉、埼玉、栃木、群馬といった関東各地との間が都心を経由せずに短時間でアクセスすることが可能となっている。この圏央道は、首都圏の道路交通の円滑化、環境改善、沿線都市間の連絡強化、地域づくり支援、災害時の代替道路としての機能など多くの役割が期待され、すでにその時短効果は物流の生産性向上と定時性、人手不足の解消に表れている。

北関東州の冬は、晴天の日が多くて風が強く降水量が少ない。このような風を空《から》っ風と呼ぶ。内陸性の気候の特徴として気温の年較差が大きいのも特徴。この地域は園芸農業が発達している。東京大都市圏は非常に人口が多いので需要も高い。野菜などを新鮮なうちに出荷できる地の利がある。いろいろな種類の野菜が栽培され、当該地域は「野菜の博物館」とまで言われている。なかでも茨城は全国有数の白菜の生産地。また群馬の山岳地帯の高原では中央高地の長野と同じように高冷地野菜が栽培され、キャベツの生産量などが多い。

また、この地域の一つの特徴は内陸工業地帯が形成されていることだ。主に輸送機器工業を中心とする多岐にわたる工業事業所が集積している。例えば栃木の宇都宮市や上三川町、群馬の太田市や伊勢崎市、埼玉の狭山市や川越市などに多くの工業団地がある。これらは東北自動車道や関越自動車道、JR宇都宮線や東武伊勢崎線の沿線に立地。その他の工業都市も常磐自動車道や国道四号・六号・一六号・一七号・五〇号といった主要道路の沿道にあり、そのインフラを通じ製品が東京圏全体や港湾に運ばれている。長野には精密機械の集積といった具合に、北関東全体が多様性に富む。

もっとも北関東州も広く、埼玉など南部になると東京のベッドタウンの性格が強い。高度成長期、住宅団地の開発が進み、多くに地方から流入する人口を受け入れてきた歴史がある。これが少子高齢化の進む現在、郊外空洞化と言われる「大都市圏の中の過疎化」問題を生み出しているのも事実で、今後生活者の視点からいかに地域を活性化していくかも大きな課題となる。ただ、東京圏という大市場を抱えるだけに他の州と違い、衰退現象が顕在化するのは部分的と言えるかもしれない。

南関東州――日本の心臓部

南関東州は千葉、東京、神奈川、山梨の四都県で構成される三〇〇〇万人超の巨大な州だ。うち人口約一四〇〇万人で法人税収も全国の四割近くを占める東京都を抱える。東京二三区を抜き出し、東京特別州（都市州）にすべきとの考え方もある。都市州にする場合、約一〇〇〇万人が南関東州から独立するが、その際、間違っても米国のワシントンDCのような政府直轄州にしてはならない。あくまでも公選州知事、州議会を有する、一般州と同じ広域自治体の性格を維持すべきだ。

現在の一都三県でそのまま南関東州をつくるなら、東京の新宿区が州都になる可能性が高い。現在都庁が置かれている所であり、新宿新都心としての都市の成熟度が高まっているからだ。もし東京二三区を抜き出して東京都市州をつくるなら、南関東

図8－4　南関東州の構成

地域名		人口（万人）	域内総生産（兆円）	県都（市）
南関東州		3,017	166.2	
現状	千葉	625	21.1	千葉
	東京	1,392	106.2	新宿区
	神奈川	919	35.5	横浜
	山梨	81	3.4	甲府

州の州都は横浜市に落ち着こう。

南関東州で一体感に欠けるとすれば山梨が含まれることだ。物理的に山脈等で仕切られた山梨は状況的に厳しい。もとより州内の千葉、神奈川、東京多摩地域と違い、東京区部のベッドタウンでないだけに独自性を打ち出すことも可能だ。甲斐の山々は観光客にとっても大きな魅力でありリゾート地としても伸びる。

この地域は山梨を除くと全域が太平洋側気候に属しており、一般に年間を通して温暖湿潤である。太平洋側に面した平野が広がっていることから、夏季の多雨と冬季の少雨・乾燥という傾向が見られる。北関東州と比べると冬季の少雨・乾燥傾向は弱い。南部の太平洋岸に近づくにつれ日本海流の影響を受け温暖となる傾向があり、冬にはその傾向がより顕著となる。このような気候を利用し、房総半島南部（南房総）では菜の花の栽培が盛んに行われている。この地域は乾燥しており晴れの日が多く、乾燥した風は、ここでも空っ風と呼ばれる。積雪は少ない。

千葉など東京湾岸には工業地域が広がる。千葉港、木更津港などの港湾施設がそれを支え京葉臨海工業地帯を形成している。臨海部の埋立地に鉄鋼業、石油化学工業などの大規模な工場が集積する。浦安市から富津市まで連なる。市川市、船橋市、千葉市、市原市、木更津市、君津市などが連なる。千葉市にJFEスチール東日本製鉄所、君津市に日本製鉄君津製鉄所など大型工場がある。火力発電所も多い。

この州域には世界トップレベルの科学技術・研究機能、高度な製造技術や専門知識を有する優秀な企業や人材が多く集まっている。新産業や雇用を創出する「わが国最大の苗床」機能がある。中小企業の集積力も高い。ただ経営が厳しいところもあるところから、地域企業の活力を高め、高い賃金で若い人の雇用を確保する環境づくりは依然として課題だ。またインバウンドも増えている。各地域において様々な地域資源を磨いてブランド力を高め、多くの誘客につなげることが必要となる。

この地域は自然災害が少ない。だから人口、産業の集中が進んできたとも言えるが、他方で、今後想定される首都直下地震等の自然災害の脅威に備えるための様々な強靭化策が必要となる。三密都市の典型とされる東京区部は、地震時に大きな被害が想定される密集市街地、木造家屋密集地帯が多い。また都市中心部を中心に大気汚染や大量の廃棄物の発生、感染症の蔓延、水質汚濁の進行などの問題もあり、交通渋滞の緩和、水質汚濁負荷量の削減を含む総合的な環境対策、リサイクルの促進や省資源化、総合的な物流システムの形成など、循環型社会の構築が課題となろう。

貴重な自然環境の保全、緑の創出、水循環系の再生、生態系の保全など質の高い都市生活の実現を図ることも必要となる。この州は日本の人口を多く集め、政治・経済・文化の中心である。近年は情報サービス業など成長産業の集積も突出して進む。

しかし、成田、羽田という拠点空港が二つしかなく容量の限界、中心部の交通渋滞など経済・産業ポテンシャルの低下が懸念される。国際競争力の観点からは強化が必要だ。

北陸州――環日本海経済圏のゲートウェイ

日本海側に面する北陸州（新潟、富山、石川、福井）は人口約五〇〇万人、域内総生産額約二〇兆円の州。今後、中国、ロシアなどこれから伸びていく大市場に近接しているだけに、州のまとまりを強め海外貿易を盛んにすると発展する。

州都は地理的に州の中心になる金沢市になる可能性が高い。新潟市も政令市であり候補だが、地理的に北陸州をまとめる位置にない。むしろ独自性を活かすことで発展しよう。

州内にはすでに上越新幹線、北陸新幹線、上越自動車道などが開通しており高速移動時代の有利性を持つ地域となっている。この利点を活かしながら発展していくことだ。日本海国土軸の中枢で東京、名古屋、大阪の三大都市圏から三〇〇キロ圏内に位置する。

世界に開かれた日本海側における交流中枢拠点として国際競争力のある産業を育成し、交流機能を強化していくと、東アジアとわが国を結ぶ「扇の要《かなめ》」、日本海のゲートウェイ（玄関）の役割を果たすようになる。

特色ある観光資源を活かしたインバウンド観光の推進や、技術・ノウハウ・特性を活かした産業の振興で伸びていくことが期待される。六年前に開業した北陸新幹線の効果は大きく、開業一年目で新幹線の利用者数は九二六万人と当初の予想を大幅に上回り、経済波及効果も六五〇億円を超えている。

金沢ブランドは認知度、知名度が高く、優秀かつ意欲的な創業者も多い。首都圏に比べて地価・人件費等が安いこと、インフラ整備や金沢・加賀・能登といったブランドを持っており、比較的優秀な人材の確保ができること、自然環境のよさや安価な土地、伝統工芸王国なので、よい作品が多いこと、繊維産地との連携がとれていることなどが強みだ。

日本三名園の一つである「兼六園」をはじめ、ひがし茶屋街

図8－5　北陸州の構成

地域名		人口（万人）	域内総生産（兆円）	県都（市）
北陸州		515	21.3	
現状	新潟	222	8.9	新潟
	富山	104	4.5	富山
	石川	113	4.6	金沢
	福井	76	3.3	福井

など観光名所の豊富なのも強み。電子部品や生産用機械に情報通信機器、繊維産業などが活発なのも特徴である。

この先、北陸新幹線が福井を経由し関西州につながると、首都圏、関西圏の両方からプラスの影響を受け伸びていこう。長い間、福井など交通の要衝から外れていたこの地域は一気にそのハンディが取り除かれ、成長していくことが見込まれる。

州内には多様な産業があり、農業立国である新潟は洋食器や工具等の金属製品でも有名。富山は日本海側最大の工業集積地として知られ、アルミ工業が盛んであり、古くから「越中富山の薬売り」というキャッチフレーズがあり製薬業も盛んである。

この地域で採れる米、スイカ、ぶどう、なし、チューリップといった農産物が、輸送技術の高度化により高級農産物としてロシアや中国、あるいは遠く欧米にまで高い価格で売れるようになる可能性もある。雇用の拡大と税収への貢献も大きくなろう。

日本と北東アジアとを結ぶ「扇の要」に位置していることから、今後、北陸新幹線の延伸や東海北陸自動車道の四車線化、中部縦貫自動車道、舞鶴若狭自動車道の整備が進めば、ゲートウェイとしての役割が強まる。中国、ロシア、韓国などの玄関口となる新潟港を国際拠点港として強化すれば、この地域はさらに強みを増す。

東海州――日本経済の「胴体」

地理的に日本の真ん中に位置する東海州（岐阜、静岡、愛知、三重）は人口約一五〇〇万人、域内総生産額七〇兆円を超える豊かな地域である。なかでも名古屋は横浜、大阪に次ぐビッグ都市で州都となる可能性が高い。

図8－6　東海州の構成

地域名		人口（万人）	域内総生産（兆円）	県都（市）
東海州		1,495	73.3	
現状	岐阜	198	7.7	岐阜
	静岡	364	17.2	静岡
	愛知	755	40.2	名古屋
	三重	178	8.2	津

この州は交通インフラが充実している。東海道新幹線など鉄道網だけでなく、高速道路網も充実。二〇二七年のリニア中央新幹線（名古屋―東京間）の開通、その一〇年後、二〇三七年に大阪までつながると、首都圏、東海圏、関西圏が一時間少しで移動が可能となる。太平洋ベルト地帯に約七〇〇〇万人の巨大経済圏（スーパー・メガリージョン）が誕生する可能性が高い。

この移動時間の短縮に伴う経済効果、人、モノ、カネの流れへの影響は計りしれない。名古屋などを中心に大病院、金融機関、サービス業などがさらに集積していこう。しかも豊田にトヨタ自動車、常滑《とこなめ》に中部国際空港があり、名古屋ブランドを売りに東海州はより経済力を高めていくものと思われる。

州内には、トヨタ、ホンダ、スズキなど日本を牽引する自動車産業の本拠地がある。日本のものづくりの中心地東海州は日本の航空機産業の最大集積地でもあり、航空機・部品の全国生産額の五割以上を占める。次世代自動車や航空機など新分野の開拓も着実に進んでいる。

トヨタグループの存在が大きく、次世代に向けても遠隔型自動運転システム開発が進み、人工知能（AI）を活用した次世代自動車産業の集積地になる可能性が高い。

スマートフォンのカメラレンズ用の金型《かながた》製作などに使われる精密加工機や、3Dプリンター技術を応用した積層造形や装置など、最先端のモノづくりが大きな力となっていく。

愛知は肥沃な濃尾平野が農業を育み、現在でも農業生産額は全国七位であり、また有松絞りや瀬戸物など全国でも名高い特産品も多い。安土桃山時代に織田信長が全国から職人を集め競わせ「天下一」の称号を与えた歴史の影響も強い。

岐阜は豊かな森林資源を活かした飛驒の木工家具や民芸品、美濃和紙、刃物製品、茶の湯とともに発展した美濃焼など工芸品などが多く海外でも人気が高い。

三重は海山の幸に恵まれ、伊勢えび、松阪牛、的矢カキ、伊勢茶など食の宝庫として名高い。真珠養殖も盛んで「三重ブランド」は世界的にも有名である。

静岡はお茶の収穫量で日本一を誇り、温州みかんの産出額も全国トップクラス。ひな人形など工芸品をつくる職人も多い。浜松は自動車、楽器などの集積度も高く伸びる。山・川・湖・海など多岐に富んだ自然資源のほか、全国的に有名な下呂温泉や首都圏から多くの観光客の訪れる熱海・伊東・伊豆温泉郷など各地に多くの温泉地を抱え、豊富な観光資源を活かしながら豊かな地域づくりをめざすことが可能な州だ。

東海州は今後首都圏との一体化が進むと、域内総生産はオランダ、オーストラリアを超えていく。現在は日本のGDPの一五％だが、東海州として一体化すれば二〇％近くまで伸びよう。

関西州――二眼レフの一極

関西州（滋賀、京都、大阪、兵庫、奈良、和歌山）は首都圏と並ぶ国土二眼レフ構造の一極を占める。ポテンシャルの高い州で人口規模は約二〇〇〇万人、域内総生産額は約八五兆円。伝統のある京都、奈良、大阪、堺、神戸という都市があり、観光資源にも恵まれた州だ。海外からの観光客も最も訪れたい州であり、日本観光の顔である。

図8－7　関西州の構成

地域名		人口（万人）	域内総生産（兆円）	県都（市）
関西州		2,058	85.5	
現状	滋賀	141	6.5	大津
	京都	258	10.7	京都
	大阪	888	40.0	大阪
	兵庫	546	21.3	神戸
	奈良	133	3.6	奈良
	和歌山	92	3.4	和歌山

州都は大阪市が有力だが、もし大阪都市州として抜け出し独立するなら、そこから切り離された関西州の州都は京都市になる可能性が高い。

京都は独特の存在感を保つ都市。もし、大阪都市州をつくらず関西州のままで州都が大阪の場合、神戸と一体化するかたちになろうが、この圏域での利益を州内に分配することで全体が潤う。そうした中、和歌山や滋賀はさらに売りを強める方策が要る。

この州は潜在的な可能性を一番秘めている。二〇二五大阪万博があるが、ここで最先端産業の売りができると州内はもちろん、日本、世界に大きなインパクトをもたらす。バイオや健康・医療産業、ものづくり、観光といった産業の強みがより増す。企業や研究機関、大学、文化施設などの集積も高く、日本の「二眼レフ国家構造」の一極を担うにふさわしい。

これまでは大阪、神戸、堺、京都などの政令市を擁しながらバラバラ感があり、関西は東京への人口流出が最も多い地域でもあった。しかし、それぞれを特別市とし吸引力を高めネットワークでスクラムを組むなら、「関西の地盤沈下」と言われた時代は終わる。

関西州の企業本社は関東の三四％に比べ一八％程度だが、大阪、東京の二都構想を追求すれば大阪にもっと本社が流入してこよう。産業の特徴として首都圏では情報通信業（五〇％）、不動産業（四〇％）の比率が高いが、関西州は製造業の本社比率が高い（二一％）。また医療関連産業の研究拠点や生産拠点が集積しており、医薬品の生産額では全国の約二〇％、医療機器は約一〇％、医療外製品では約二五％を占めている。これらをさらに伸ばしていけば経済力は高まる。

今後、リニア中央新幹線が早期に大阪まで開通し、スーパー・メガリージョンが形成されれば、州構想の実現で大きく伸びる。国からの権限・財源の大幅移譲を機に、関西州はそのポテンシャルを活かし、機動的に税制の優遇や規制緩和を行うなど、独自の地域圏の経済政策を打っていけば、繁栄の一つの極となっていく。

電子部品などモノと、インバウンド消費という「二つの売り」が現在は地域圏経済を牽引しているが、京阪神の地理的なサイズはシリコンバレー（サンフランシスコからサンノゼ・パロアルトまで）とほぼ面積で同じ。バラバラではなく、関西州として京阪神全体で産官学の動きに横串を刺していくなら、大きな成長力を持つことができよう。

京都大学、大阪大学、神戸大学など有数の国立大と関関同立（関西大学・関西学院大学・同志社大学・立命館大学）などの有名私学も多い。府市統合の大阪公立大学もできる。これが関西州の強みとなる。幸い行政の関係でも関西広域連合の実績があり、広域州の素地ができている。こうした実績を基礎に州政府を創っていくならキャッチアップは比較的早い。

中国州――重厚長大産業に活路

中国州（鳥取、島根、岡山、広島、山口）は人口約七二〇万人、域内総生産額約三〇兆円の中規模の州。州都は以前から岡山がアピールしている。ただ、中国州随一の二八〇万人都市・広島市が州のリーダーとなる可能性が高いのではないか。

州の経済力はGDP三〇兆円とデンマーク並みで、面積はベルギーとほぼ同じ。ただ、山陽、山陰という呼び方があるように、大きく日本海側と瀬戸内海側に分かれ、地域の特性も違う。いまのところ山陽地域が稼ぎ頭の感じ。一方、山陰の松江市や鳥取市は新幹線が開通していないうえに、広島からの高速道も十分整備されておらず、車で四、五時間かかる。交通網が整備されなければ人口が減少し、地域経済の衰退も懸念される。これを州一体の観点からどう克服していくかが大きな課題となる。

山陽に広島市、岡山市という二つの政令市があり、太平洋ベルト地帯の中心となりポテンシャルも高い。ただ、山陰と山陽は交通のつながりが弱い。政令市の広島とのつながりをどう確保するか。瀬戸内海側は山陽新幹線や山陽本線、国道二号線などの幹線が東西を貫き、経済活動も活発な地域。岡山東側は京阪神との結びつきが強く、下関市、宇部市など山口の西側は九州との結びつきも強い。また、四国州と瀬戸内海を挟み神戸—鳴門ルート、児島—坂出ルート、尾道—今治ルートという三つの橋、道路、航路でつながっており、四国、中国の二つの州は、経済圏としては中四国で一体化していく可能性が高い。

岡山から山口にかけての工場地帯は今後、より魅力を高めていく。瀬戸内海の水運をはじめとして交通が便利なこと、沿岸の埋め立てにより工業用地が得やすいこと、内海

図8−8　中国州の構成

地域名		人口（万人）	域内総生産（兆円）	県都（市）
中国州		726	30.1	
現状	鳥取	55	1.8	鳥取
	島根	67	2.4	松江
	岡山	189	7.8	岡山
	広島	280	11.7	広島
	山口	135	6.4	山口

のため波が穏やかであることなどを背景に戦後、急速に発達した。そこに伝統的な造船業・繊維工業のほか、周南、岩国、新居浜、倉敷水島に石油化学コンビナート、水島福山に製鉄所が進出し、重化学工業が発達している。

また岡山南部と愛媛の東予地区が新産業都市に、備後地区・周南地区が工業整備特別地域に指定され、宇部から下関にかけて北九州工業地帯につながっているのも魅力だ。こうした沿岸部には三菱自動車、三菱重工、小野田セメント、トクヤマなどの大きな工場群があり、従来型の重厚長大産業に活路を見出すことも期待される。

山陰側は、今後高速道の整備、環日本海新幹線の敷設などで交通の便もよくなると、一気に発展する可能性が高く、インバウンドも呼び込みやすくなる。また環日本海時代を睨むと、韓国、中国との交流も深められるという有利なポジションにある。経済圏として独自性を持つ中海・宍道《しんじ》湖経済圏も発展しやすくなる。

この州は広域防災拠点、医療センター、グリーンツーリズムなど次々と施策が打ち出され、一体化をめざした道路、鉄道等のインフラ整備がより進められるなら、ロシア、中国、韓国などとの交易拠点として今後、日本の牽引力になっていく可能性が高い。

四国州――「オンリーワン」をめざす

四国州（徳島、香川、愛媛、高知）は人口約三七〇万人、域内総生産額約一四兆円のやや小ぶりな州。ただ、まとまりのある一つの島として今後州行政が力を発揮するなら魅力を増していく。州都は鉄道網の要衝でもある高松市が有力ではないか。

図8－9　四国州の構成

地域名		人口（万人）	域内総生産（兆円）	県都（市）
四国州		369	14.4	
現状	徳島	198	3.1	徳島
	香川	364	3.8	高松
	愛媛	755	5.1	松山
	高知	178	2.4	高知

単独州として自立する道を選択すれば、「小が大を制する」という言葉がある通り、小さいがゆえにできることを追求すればよい。四国州の強みは、美しい自然と日本の原風景がたくさん残っていることだ。四国州の真ん中に急峻な四国山地があり、山肌に張りつくように田んぼと民家が点在する風景は他に類を見ない。これを高く評価する外国観光客も多くいる。「なにげない風景」を再定義すれば、さらに価値を高めていく可能性も大きい。

また、徳島の神山町や美波町のように、美しい風景を残しつつＩＴ化をすすめ、ベンチャー企業を呼び寄せている地域もある。住みやすさから移住を求める若者もいる。

この州にはもともと「オンリーワン」の技術で、日本および世界でトップレベルのシェアを占めてきた企業がたくさんある。圧入原理を利用した音のしない杭打ち技術を発明して世界シェアを独占する技研製作所、アルミ電解コンデンサ用セパレータで世界シェアの六割を握るニッポン高度紙工業など、目立たないが工業社会に欠かせない技術で世界に貢献している。業務用ソフトウェアの会社のイボウズや、ワープロソフト「一太郎」などを手がけるジャストシステムなども、もともとこの州が誕生の地。いずれも、規模よりも技術のオリジナリティで勝負しているところが四国州企業の特徴である。

こうしたタイプの企業をもっと増やしていこうとするなら、地方分権を活用し、消費税、法人事業税、固定資産税を他州の半分に下げ、相続税を完全撤廃するという選択もあろう。すると海外に逃げていた企業、あるいは逃げようとしていた企業が、法人事業税等の安さなどが誘因となって関西、関東から次々と本社を移してくる可能性もある。すでにコロナ対策などの安全性の視点から淡路島に本社を移した企業もある。

相続税を廃止、固定資産税を半額にすると、全国から金持ちの高齢者、富裕層が集まってくるかもしれない。相続税のないことを理由にこれまでシンガポールを選んでいた富裕層が、今度は移住先として人気のある松山などを選ぶようになるかもしれない。四国の温暖な気候、風土、緑の多さは、全米からシニアの金持ちが集まるカリフォルニア州のサンディエゴに近いイメージがある。サンディエゴには米国の富裕層が老後ののんびりした生活を求めて集まっている。

完全移住するのは高齢者が多いとしても、現役で東京や大阪、名古屋に家を持つ経営者らが、四国にもう一つの家を持ち、週末に行き来する二居住生活を楽しむことも考えられる。地理的な距離や気候を考えると、沖縄や北海道より、四国州が有利となる。州政府が四国州を「元気な長寿大国」というキャッチフレーズで売り込むなら、国内だけでなく世界からも人が集まってくるかもしれない。

少し大胆な話をすると、大阪から四国州を通り大分に至る「四国新幹線」ができるとすれば、九州や関西からのアクセスも向上し、インバウンド・ツーリズムの可能性がさらに広がる。お遍路回りがキリスト教徒のサンチャゴ・デ・コンポステーラ巡礼やイスラム教徒のメッカ巡礼と同じ位置づけとなって、世界的に有名になることも夢物語ではない。

人口減少に悩んできた過疎地の多い四国州は、一気に交流人口が増え豊かな島に変わっていく。この新幹線網の整備はフル規格で国策として行うべきだが、それにはまず四国四県が州としてまとまり、自立する方向を探るのが肝要である。

九州州——アジアへのゲートウェイ

九州州（福岡、佐賀、長崎、熊本、大分、宮崎、鹿児島）は人口約一三〇〇万人、域内総生産額約四七兆円の州。この州はいまでも世界一六番目のオランダに近い経済力だが、州制度への移行を機にそれぞれの県の持ち味を州政府がまとめていければ、経済規模一〇番目のオーストラリア、一一番目のインド並みの経済立国になる可能性は十分にある。

州都の本命は人口の多い福岡市と見るのが一般的だろう。ただ、州の北端が州都になることを懸念する声もある。九州の中央に位置し歴史・伝統もあり、政治的にも強い熊本市が大逆転で選ばれる可能性もある。筆者の経済界で聞いた意見では「熊本がウンと言えば州ができる」との話もあった。九州州をまとめていくには州都熊本も選択肢ではないか。

いま人口でもGDPでも「日本全体の一割」とされる九州州。九州の真ん中の熊本を州都にして潜在力を発揮すれば、大分、宮崎、鹿児島の地域経済も活発化する可能性がある。これまでの福岡一極集中が解消されて、他の州に比べて九州州全体が豊かになる可能性があると見る。

州ならではの税制を敷き自治権を発揮して集積を高め、福岡空港、北九州港湾をハブとして韓国、インド、中国、ロシアなどとつながりを深めていけば、巨大マーケットである「環東シナ海経済圏」の中心を担うようになろう。

図8-10　九州州の構成

地域名		人口（万人）	域内総生産（兆円）	県都（市）
九州州		1,277	46.7	
現状	福岡	510	19.6	福岡
	佐賀	81	2.9	佐賀
	長崎	132	4.5	長崎
	熊本	174	6.0	熊本
	大分	113	4.5	大分
	宮崎	107	3.7	宮崎
	鹿児島	160	5.5	鹿児島

現在の九州各県は、沖縄に次ぎ出生率が高く日本で十指に入る高さだ。この高さは九州には住みやすい条件があることを表している。職・住・遊・学・憩という、都市が持つべき五つの機能を備えている、そうした中規模の都市がバランスよく連なっているのが九州州の特徴だ。福岡一極集中という見方もあるが、九州州のかたちはある意味ドイツの国土イメージに近いところがある。

日本地図だと、九州は日本の端の方に位置する圏域に見えるが、アジア地図を広げると、九州州はむしろ東京までを一つの圏域とするアジアの中心、アジアへのゲートウェイと見える。この見方がポイントだ。七つの県がバラバラではなく、「九州は一つ」と「州」にまとまった時、この地域は大きく変わるだろう。

ハブ空港は福岡空港、ハブ港湾は北九州と見立て、韓国、北朝鮮、中国、ロシアとのつながりを深めていく。するとこの州が「環東シナ海経済圏」の中心を担うようになる。東アジアの政治情勢が変わり、中国、韓国、北朝鮮、台湾などと自由貿易協定が結ばれれば、関税や貿易障壁の撤廃、労働力や資本の移動の自由化、職業資格や滞在に関する規制の大幅緩和となり、船や航空機の乗り入れ回数が大幅に増加し、経済力は大きくアップする。

九州州が高い潜在力を持ち、かつ産業と雇用の創出効果が高いと思われる分野は、①観光振興、②農林水産業の経営力強化、③先端中小企業の育成、④エネルギー供給戦略、⑤空港、港湾等の機能強化やその他インフラの整備、⑥スポーツの振興やスポーツ関連産業の育成、などだ。

観光では、福岡には「九州のマンハッタン」としての都市の魅力、大分には別府や湯布院など世界有数の温泉地としての評判が高く、鹿児島は南国イメージによる桜島観光などの実績がある。沖縄州と連携することで、九州と沖縄の間に点在する島々を「洋上観光ルート」として開発すれば、新たな魅力をアピールすることにもつながり、域内滞在型の観光客を増やすことも可能となる。

九州の自動車産業の集積も加速している。完成車に加え、部品メーカーも続々進出、カーアイランドになったと言ってもおかしくないほどの集中ぶりだ。完成車メーカーの増産により部品メーカーの進出にも拍車がかかっている。

出生率も高い九州州は、早期に州制度へ移行し発展をめざしたらどうかと考える。

沖縄州——ハワイと競う

日本列島の最南端に位置する沖縄州は人口約一四五万人、域内総生産額約四兆円と他州に比べ小さい州。とはいえ、かつての琉球王国であり、独特の歴史、文化、地理的な特性を持っているのが売り。州都は那覇市以外に考えにくいが、ともかくまとまりがよいのが沖縄州だ。そうした特性を活かし、九州州の一員ではなく、単独州として自立していくと沖縄州の可能性は広がる。

沖縄州は、かつて琉球王国と呼ばれた時代は「万国津梁《ばんこくしんりょう》」（世界の架け橋）の海洋国家として生きてきた歴史がある。その歴史で形成されたコンセプトに基づき、地勢を活かしてアジア諸国と直結する沖縄をつくるのが肝となる。

図8-11　沖縄州の構成

地域名		人口（万人）	域内総生産（兆円）	県都（市）
沖縄州		145	4.4	
現状	沖縄	145	4.4	那覇

この州の特徴の一つは日本で出生率が一番高い（一・九五）こと。三〇年以上も連続日本一となっている。また、進学、就職でいったん東京や大阪に出ても、ある年齢になるとまた沖縄に戻ってくる若者も多く、沖縄育ちの地元定着率も高いのも特徴である。この帰巣性を活かすことが大事だ。

沖縄州の売りはなんといっても観光である。二〇一七年度の入域観光客数でハワイを抜き、過去最高の約九五七万人になった。目標とする一〇〇〇万人はもとより、一五〇〇万人の突破も視野に入ってきた。観光客は国内七割、海外三割という割合だが、航空路線の拡充やクルーズ船の寄港回数を増やしていくと海外からの観光客はより増える。そのためには空港や港湾整備も課題だ。年間発着回数は国内第四位ながら、軍民共用の二本の滑走路しかない那覇空港の現状では、観光客の受け入れは早晩限界を迎える。

もう一つ、観光客の数もさることながら、経済振興の面からは滞在日数の少なさがネックになっている。米国ハワイ州の場合、平均滞在日数は約九日、沖縄の場合は約四日とハワイの半分だ。めざすは〝一週間（七日）を沖縄で過ごそう！〟といったキャンペーンを張り、沖縄ファンのリピーターを増やすことだ。それに必要なインフラを整えていくことが州政の課題となる。

滞在日数や消費額を増やすためには、さらなる観光地の魅力の向上や商品開発、インフラ整備も必要となる。観光収入を増やしていく場合、「安売り競争」の罠《わな》に落ちないように、継続的な価値の向上をめざさなければならない。沖縄にやってくる観光客の主力は欧米の個人客よりも韓国や中国、台湾、インドなどの富裕層と考えられるから、彼ら彼女らを惹きつけられる魅力的なコンテンツを用意する必要がある。

基地の返還も現実になる時が近づいている。返還された後の米軍普天間基地の跡地をどう利用するか。地元市と州政府（現段階では県）が本格的に検討する時がきている。

例えば緑地を効果的に配置し、街全体が緑に見える、これまでにない「緑の豊かさ」を演出したらどうか。これを目標として、多くの人々が目にする幹線道路からの緑の風景づくり（沿道空間の緑化等）や、土地の起伏を活かした緑の風景づくり（斜面の緑化など）を効果的に進めるなら魅力は高まる。

沖縄州が日本列島の南端にある独特のよさを活かすなら、早晩ハワイに打ち克つことができよう。アジアのリゾート地、沖縄州の誕生となる。

第Ⅸ章　大都市をより活かすには

大都市制度も三度挫折

先の第Ⅳ章で述べた通り、大阪市民の意向により大阪都構想は二度目も廃案となり、大阪市の存続が決まったが、だからといって根本的な問題が解決した訳ではない。二重行政、二元政治の問題は残ったままだ。

大阪に限らず、この一〇〇年あまり、農村国家から工業国家を経て都市国家に変貌した日本は、大都市を制度的にどう扱うかは「未完のまま」である。放っておいても大都市は発展するとばかり放置してきた結果だが、実際は様々な矛盾、問題を抱えている。

わが国の大都市制度改革は明治以降、三度挫折している。一度目は一八八九年（明治二二）の三市特例廃止の時。東京、京都、大阪の三大都市市制・町村制が適用されず、国家管理の視点から官選知事が市政を担当することになる。この三市特例は九年後に廃止されるが、そこでは特段、大都市に配慮することなく一般市制が適用され、三府に区が置かれるにとどまっている。

二度目は一九四三年（昭和一八）の東京都制が誕生した時。大正期にはこの三市に名古屋、神戸、横浜が加わり六大市による「特別市」運動が展開されている。府県知事の二重監督を廃し大都市の権限強化と自治の保障を求めた。しかし、自治型の東京市（特別市）創設すら失敗し、戦時下に東京府と東京市が国の手で合体され官治型の東京都制となる。

三度目は戦後、一九五六年（昭和三一）の「特別市」廃止と「政令指定都市」誕生の時。戦後の地方自治法には、五〇万人以上で特別地方公共団体を特別市にするという規定があった。しかし、特別市を抱える府県と市の考えが異なり、特別市を認める住民投票の範囲をめぐって（県民全体か市民のみか）対立した。そこで内紛を避ける観点から地方自治法の条文が削除され、妥協の産物として現在につながる政令指定都市制度が誕生している。

当時、東京を除く五大市が指定された。

未完の大都市制度

このように紆余曲折を経てきた日本の大都市制度改革だ。戦後八〇年近く経つ現在、ここまで構造改革や地方分権改革を進めてきたが、その中で依然抜け落ちているのが大都市を制度的にどう扱うかという視点だ。その理由に、大都市は豊かだという漠然とした認識が底辺にある。農村過剰代表制とも言われる政治制度のもと、過疎地域を含め地方都市や農村に税の傾斜配分を行うのが政治の役割だと考えてきた。

しかし実際、東京、横浜、名古屋、大阪など主要な大都市が日本経済の牽引力であることを疑う者はいない。だが、こと行政面になると大都市の活力を引き出すどころか、〝角を矯《た》めて牛を殺す〟仕組みのままだ。というのも日本の地方制度は県―市（政令市、中核市、一般市）―町村という固定的な枠組みにすべての地域をはめ込み、国が一元管理するという集権構造のもとにある。明治以来、その仕組みは大きく変わっていないと見てよい。

府県並みの二〇〇万、三〇〇万人を擁する大都市の首長でさえ数万人規模の市町村長と同じように霞が関に陳情・請願し、官僚に頭を上げないと物事が進まない。主要国で自主、自立を認める大都市制度がない国は日本だけである。日本の大都市が持てる力をフルに発

図9－1　世界主要国の大都市制度――３つのタイプ

揮できる制度が存在しないこと自体が、閉塞不況の大きな要因とも言えよう。

　ちなみに、世界の大都市制度は大きく三つのタイプからなっている。

　第一は特例都市タイプ。フランスのマルセイユ、リヨンのように州・府県という広域自治体に市が包括され、かつ組織の特例や事務配分の特例で広域自治体分の一部の処理を市に移管する。日本の政令指定都市もこれに近い。

　第二は特別市・都市州タイプ。ドイツのミュンヘン、ケルンのように、広域自治体（州）のもとでそれと同格の権限が都市州に付与され、広域自治体の事務と基礎自治体（市町村）の事務を併せ持つ性格の市。戦後一時期、わが国でも構想された特別市に近い制度だ。

第三は都制タイプ。韓国の広域市のように、州（ないし府県）から独立しその区域内に法人格を持つ区や郡を包摂し、広域自治体の事務と基礎自治体の事務を併せ持つタイプの市。東京の都区制度に類似した制度と言えなくもない。

そのほか周辺自治体を包摂した大都市圏を形成し、広域行政の課題に対処する特例制度を設ける方式もある。カナダの旧メトロポリタン・トロントタイプの広域行政体が例であり、交通、警察、都市計画、許認可などを広域的に処理する形になっている。

またイングランドでは中央政府とは別に、広域自治体のロンドン市（GLA）の中にいくつもの基礎自治体のシティ（自治区）を置く、または県と同格の特別市を置く。さらに地方都市にはユニタリー、またカウンティのもとにディストリクト（区）が置かれるなど多様な仕組みがある。自治体の政治制度も二〇〇〇年以降は、①リーダー・内閣制、②公選市長・内閣制、③市長・カウンシル、シティマネージャーの三形態からそれぞれ地元が選択するかたちになっている。

日本のような極端な単一性に対し、西欧は多様性を特徴とする地方制度、自治制度となっている。わが国はいつまでこうした単一性を維持していくのだろうか。

政令指定都市の多様性

日本では一九五六年（昭和三一）に政令指定都市制度がスタートしている。

だが、これは戦後、法律上認められながら実現しなかった「幻の特別市」制度と引き換えに、妥協の産物として生まれた「大都市に関する特例」にすぎない。地方自治法をはじめ個別法において、人口一〇〇万人以上の基礎自治体に行政裁量によって府県の権限の一部を上乗せする特例扱いを積み重ねてきた仕組みにとどまり、大都市の持つ潜在力を十分発揮するにふさわしい制度とは言いがたい。

つまり制度の根幹が一般市町村と同一の制度で、自治制度上、大都市の位置づけや役割が不明確なのである。また事務配分は特例的で一体性・総合性を欠き、府県との役割分担が不明確なため二重行政、二重監督の弊害が大きい。さらに役割分担に応じた税財政制度が存在しないといった構造的な問題を抱えている。

しかも二〇市まで増えた政令指定都市は、一言に政令指定都市と言っても都市の規模も能力も違う。次頁の図のように実際、オールジャパンを代表するAグループ、ブロック圏を代表するBグループ、後発の合併政令市など地域内の中核にとどまるCグループの三つ

図9－2　政令市20都市の機能別タイプ

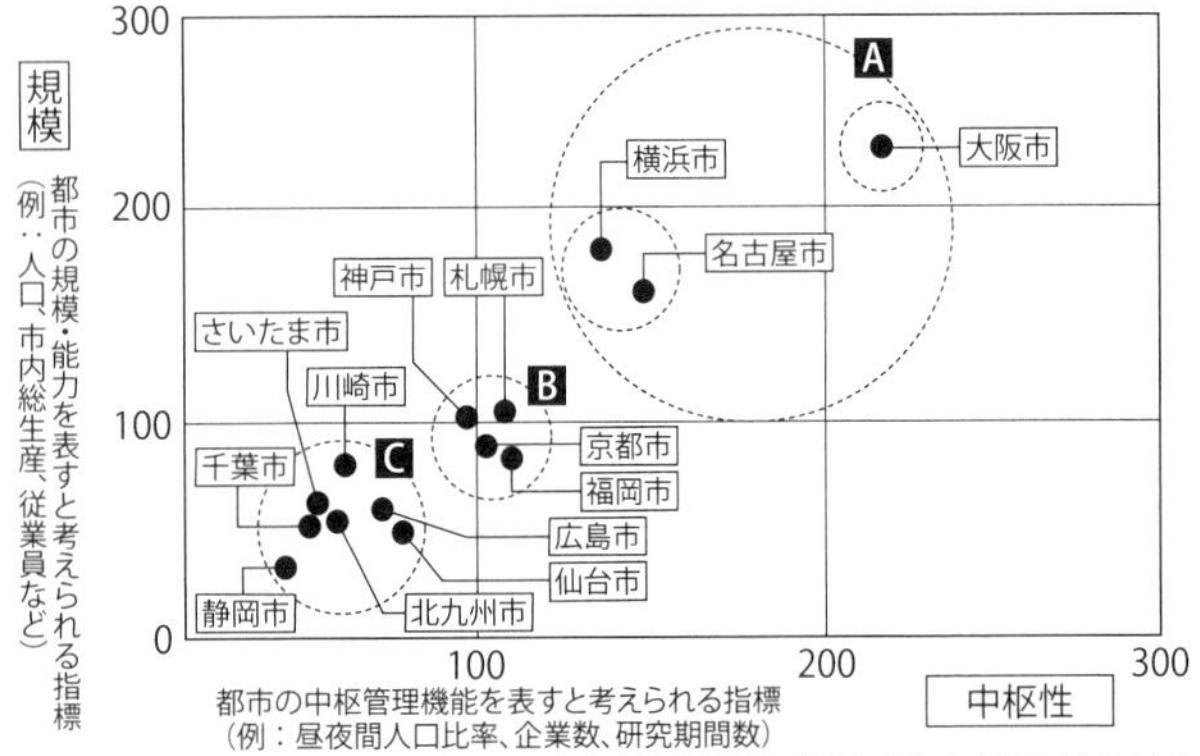

注)Cグループには2006年以降に政令市となった堺市、新潟市、浜松市、熊本市、岡山市、相模原市も含まれる

に大別される。これを一律に扱うこと自体が間違っている。

特に一五〇〇万人規模以上の大都市の経営は、交通、道路、エネルギー、上下水道、食糧、防災、犯罪防止、テロ対策など日常生活の安心、安全の確保や危機管理はもとより、企業活動をコントロールする経済的規制や産業政策、観光政策など、多くの課題を抱える。

大都市の経営の主体となる大都市自治体には、膨大で複雑な行財政需要に的確に応え、高い政策能力を発揮できる仕組みが必要だ。

それには、府県行政と大都市行政の二重行政の弊害を取り除き、司令塔の一元化、大都市に対する国・県の二重監督の解消といった本格的な改革が求められる。それは小手先の「大都市の特例」の積み重ねというレベルではなく、明確に大都市を府県区域の権限外と位置づけ、大都市（圏）をマネージメントするための固有の行財政権限を有し、「大都市制度法」のような単独法で規定した「制度」とする必要がある。

政令指定都市制度は一般の市制度と異なり、内部に複数の行政区を置き、住民に密着した行政事務の多くは行政区単位で処理し、大都市全体としての都市経営は本庁組織が中心になって行う、本庁と区の二重の構造を有しているところに特徴がある。指定要件は法律上五〇万人以上だが、一九五六年に五大市でスタート以降、将来人口を一〇〇万人見込みとし、さらに合併促進策として七〇万人都市まで指定し現在二〇市になっている。

「大都市の特例」として認められている内容は主に次の四項目にある。

①事務配分上の特例。地方自治法二五二条の一九第一項において、道府県が処理するとされている社会福祉、保健医療、都市計画など市民生活に関連する一八項目の事務について処理する。その他、個別法令において定める事務についても処理が可能となっている。

②行政関与の特例。同法二五二条の一九第二項において、社会福祉事業の改善命令、土地区画整理事業計画の許可等の事務については、県知事の許可、認可、承認等の関与を要しないか、県知事に代えて直接、主務大臣の関与を受けることとされている。二〇〇〇年

の分権改革以前は、「行政監督の特例」と言われていたものがこれに当たる。

③行政組織上の特例。同法二五二条の二〇において、条例で区域を分け、区を設置することとされている。そのほかにも、人事委員会の必置、職員共済組合の設置等が認められている。

④財政上の特例。大規模償却資産に係る固定資産税の課税制限の適用除外、道路特定財源としての地方道路譲与税、石油ガス譲与税等の措置、また宝くじの発行等が認められている。

もっとも、この指定都市制度は、半世紀以上も前に創設されたものであり、また正確には「制度」というより「法律上の特例」を積み重ねてきたものだけに、現代の大都市経営にふさわしい制度かどうか疑わしい。実際、様々な問題を抱えている。全国指定都市市長会は『新たな大都市制度の創設に関する指定都市の提案』（平成二三年七月二七日）の中で三つの問題点を指摘している。

①部分的な事務権限移譲の結果、責任ある迅速な対応ができない。つまり、包括的な権限がなく、同一事務でも、一部の決定・執行権限が道府県に留保されている。

②道府県との役割分担が不明確である。つまり、同じ市域内で道府県が類似施策を行い、

類似施設を運営するなど、非効率な二重行政が発生している。

③大都市が担う事務、役割に対応する税財政制度になっていない。つまり、道府県から移譲されている特例事務に見合う税制上の措置が不十分であり、また都市的税目の配分割合が低いなど、大都市特有の財政需要に対応できていない市町村税制になっている。

そもそも指定都市制度は、戦後自治法に規定された特別市をつくろうとして失敗した政治的妥協の産物として生まれた経緯がある。結果、大都市において事務事業を効率的に行い、住民福祉の向上を図るための行財政上の特例という「暫定的措置」にとどまるもので、大都市問題を根本的に解決する手立てが講じられているものとは言えない。

二元政治のムダも

もう一つ、二元政治という問題もある。全国に二〇ある政令市では、それぞれ市議会の議員選挙がある。例えば福岡市六二人、北九州市六一人。一方、その二つの市域から三八人の県議が選ばれている。政令市制度は概ね府県行政の八割近くが市に移管されており、市が事実上、その市域に関しては府県行政も担っている。であるのに、例えば福岡県議会の四五％を占める三八の議席は政令市区域（福岡市、北九州市）から選ばれる。いったいこの区域選出の県議は何を代表し、何を意思決定するのだろうか。県に残っている主な権限は県民税の課税権と警察権ぐらいだ。この行使のために県議の四五％の代表を市域から送っている。果たしてこの区域からこれだけの県議を送る必要があるのか。

この問題がより鮮明に出ているのは、神奈川県だろう。横浜市八六人、川崎市六〇人、相模原市四九人、合わせて一九五人の政令市議が神奈川県域の主要部分の意思決定を担っている。その一方で神奈川県議はその区域から六三人選出され、県議会の六一％の議席を占めている。いったい、県議はどんな権限を持ち仕事をしているのだろうか。空間としての地域と約九〇〇万人の県民を代表しているのは分かる。九一九万人県民の六五％を代表しているのも分かる。しかし、議会は自治体の主要な条例、予算、契約の決定をする議決機関だが、事実上、横浜市ほか政令二市に県行政の大半が移っているのに議員だけは単に人口比だけで選出されている。これはおかしい。制度改革の怠慢である。

ほか、仙台市議は五五人だが、他方で宮城県議五九人のうち二四人が仙台区域から選ばれた県議で、県議会の四〇％の議席を占める。大阪府の場合、大阪市議八六人、堺市議が五二人に対し府議会は八八人で、うち二市域から三〇名の府議が選ばれている。府議会に占める割合は三四％だ。京都府議会は六〇人だが、京都市内からの三一人の府議で議席の五二％を占める。ちなみに京都市議は六九人。この六九人に京都市区域の府県行政の意思決定を委ねるなら、極端に言うと府議三一人までは要らないのではないか。

もちろん、地域としての空間と住む人々の人口を代表する意味で一定数の議員は必要と見る。しかし事実上、権限がないのに空間と人口を代表するからと言って、二重に重なるように地方議員が二層にいる。この必要はあるか。もし要るというなら、政令市の市議の何割かを府県議として兼務させれば十分ではないか。フランス型の代表制はこれだ。

この問題は以前から言われながら全く改革は行われていない。政治家にとって改革のメリットがない（ポストが減る）ということだろうが、どう見ても不合理だ。この道府県と二〇政令市の「二重政治」の問題、これは広域の州に変えたら一遍に片づく。

特別自治市の構想

今回の大阪の動き、アナウンス効果はすでに他の大都市の改革の気運を高めている。全国の二〇政令市でつくる全国指定都市市長会は、都道府県から独立するかたちの「特別自治市」の創設を提言している。三七五万都市・横浜市は、林文子市長が先頭に立ってその具体化へ動いている。

もとより、これは大阪都構想と違う。大阪の場合、大阪市を廃止し広域的な仕事と財源を大阪府に集約する構想だが、横浜市の「特別自治市」構想は逆のアプローチで、政令市がこれまで県が持っていた権限、財源を担う、つまり市を強くする改革案だ。警察や府県税など都道府県の業務と財源も市に移し、都道府県から完全に独立した特別自治市をつくるというもの。これは戦後地方自治法でひと時認められた「特別市」を復活させる構想とも言える。

横浜市が特別自治市になると、およそ五兆円の経済効果が期待され、一二〇〇人の一般行政職員が削減できるという。また、市域内における県議会機能の停止と同時に、区選出の市会議員による区議会の設置や区長公選などにより、より住民自治の制度的強化が期待できるという。これにより企業誘致政策や就業支援・雇用対策、義務教育、子育て支援などの積極的な政策展開が可能になるという試算である。

市を強くする点に異論はないが、懸念される点もある。ざっくり言うと県の中にもう一つ県をつくるようなものだ。大阪で問題になった「二元行政」（首長同士のせめぎ合い）がより顕在化するのではないか。大都市が府県から独立した場合の残存地域における利益が損なわれる可能性もある。税収の多い大都市が独立した場合、同一府県内にあってそれまで不足する財源を大都市の税収によって賄っていた他の市町村は以後の財源が確保できなくなる。さらにそれによって大都市への人口集中がいっそう増し、大都市部の土地価格高騰や地方の過疎化につながるのではないかという点だ。

もし特別自治市を創設するなら、府県制度から広域の州制度へ移行したうえでの話ではなかろうか。この先の人口減少を考えると府県再編は必至。よって特別自治市も州制度移行なら可能だ。州制度実現を前提に特別自治市や政令市、中核市の機能強化を図るべきではないか。

新東京都構想(二三区を一六特別区に)

東京でも動きが出てきた。東京二三区は都に対し、小中学校の教職員を任免する人事権を移すよう求めている。また、市町村の主要財源である固定資産税を都が徴収し各区に再配分する仕組みの改革も求めている。より強い基礎自治体づくりを求め権限、財源の移譲を迫る二三特別区と、それをやるなら特別区域の再編をせよと迫る東京都。この間で続く権限、財源をめぐる争いは平行線のままだが、何らかの妥協点を見出すとすれば、筆者は大阪特別区の案がヒントと見る。

これまで幾度にもわたり、特別区サイドは自治権拡充を求め、都から事務、権限、財源の移譲を要請する運動が続いた。徐々に都からの移譲が行われてきているが、都側はさらなる移譲には、規模の大小が著しく特別区間の不均衡の大きな実態を問題視し、区域の再編が不可欠な条件とした。他方、区側は自治の営みの定着を理由に区域の再編には消極的な態度にある。こうして都・区間の議論は平行線を辿ることが多く、ある意味、権限移譲を含む都区制度改革は膠着状態に陥っている。都区制度改革の停滞だ。

筆者は、現在の一般市並みの権限、財源にある東京特別区から「中核市並み」（一般市と政令市の中間）の特別区にシフトするために四〇万～七〇万人規模の特別区に再編し、都からの権限、財源、業務のさらなる移譲を行う必要があると考える。もし東京区部を人口四〇万～七〇万人特別区に再編するなら、筆者には次のような再編案がある（「東京新聞」二〇二〇年一〇月三〇日付）。

人口四〇万以上の一〇区（江東、品川、大田、世田谷、杉並、板橋、練馬、足立、葛飾、江戸川）はそのまま。他の一三区を六区に再編し東京二三区は東京一六区に改変される。仮称だが東京区（千代田＋中央＋港）、飛鳥山区（荒川＋北）、小石川区（文京＋豊島）、東京西区（新宿＋中野）、山の手区（渋谷＋目黒）、墨東区（台東＋墨田）で五〇万人前後の区とな

図9－3　新東京都構想の私案

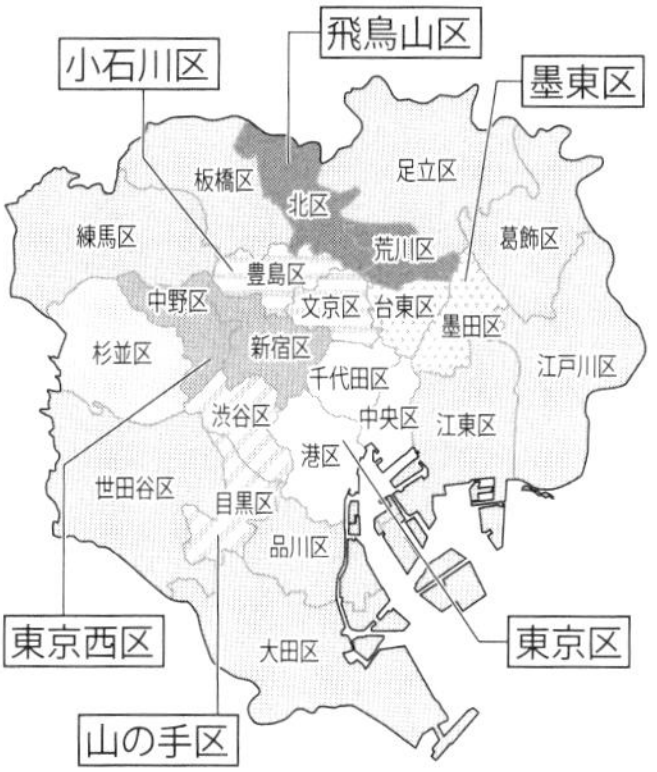

再編区

①千代田＋中央＋港
＝東京区（46万人／42km²）
②荒川＋北
＝飛鳥山区（56万人／30km²）
③文京＋豊島
＝小石川区（53万人／24km²）
④新宿＋中野
＝東京西区（67万人／33km²）
⑤渋谷＋目黒
＝山の手区（50万人／29km²）
⑥台東＋墨田
＝墨東区（46万人／24km²）

既存区

⑦江東区（51万人／40km²）	⑫板橋区（57万人／32km²）
⑧品川区（40万人／22km²）	⑬練馬区（48万人／48km²）
⑨大田区（72万人／60km²）	⑭足立区（67万人／53km²）
⑩世田谷区（95万人／58km²）	⑮葛飾区（45万人／34km²）
⑪杉並区（57万人／34km²）	⑯江戸川区（46万人／49km²）

（筆者作成）

る。これで人口規模が平準化され、財政規模もそう大きく違わない一六特別区が誕生する。

現在の二三区が生まれるまでにも紆余曲折があった。

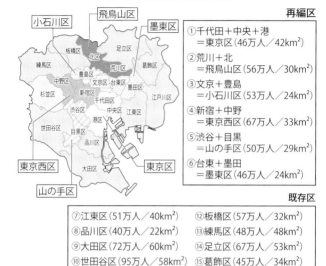

戦後、東京では戦災からの復興という行政需要に迅速に対応するため、旧東京市時代からの三五区をどう再編し、新しい地方自治の営みを始めるかが大きな課題だった。

そこで一九四七年（昭和二二）に東京都区域整理委員会が発足し、まもなく当局は二二区案を作成。当時の区部人口は約一七〇〇万人だったが、将来の人口を四〇〇万人と想定し、概ね一区二〇万人体制が望ましいとした。東京都長官、内務大臣の合意により一九四七年三月一五日いったん東京都二二区制が決まった。

だが、面積の広い板橋区案から練馬区を分離すべきとの意見が強く、最終的に同年八月一日に板橋・練馬両区の分離を決め、現在につながる特別区二三区体制が確定した。

それから七〇年あまり。高度成長、東京一極集中の影響もあり、区部人口は想定の二倍以上の約九七〇万人に膨れ、最小区約七万から最大区約九五万人と各区間の人口のアンバランスは極めて大きいものとなっている。

人口減少が加速し、「老いる東京問題」の浮上など今後厳しい財政状況が想定される。特別区全体で間接経費を縮減し、限りある財源を住民サービスに充てるには、より一層の効率的で効果的な行政運営を進めることが喫緊の課題だ。

大都市の一体性を確保しながら、他方、個々の自治体の自治権を強化し、より魅力あるまちづくりが行われる体制をどう構築していくか、これが都区制度改革の課題である。それぞれの区には八〇年近い自治の営みで育まれた個性的な街が生まれており、これを尊重することは言うまでもない。これが連担した地域が東京区部である。

今後、一般市並みの権限・財源状況にある特別区から、「中核市並み」(一般市と政令市の中間)の特別区にシフトし、より魅力ある東京大都市を基礎から築いていくために四〇万～七〇万人規模の自治体に再編し、都からの権限、財源、事務事業のさらなる移譲を行う必要がある。いま述べたように、現状の大、中、小様々な規模ながらフルセット行政を求める動きをリセットし、間接経費などの縮減効果をサービスの充実に振り向ける改革が不可欠だ。住民にとってそれは大きなメリットを生む。

都側は、大阪都構想(大阪モデル)を参考に現行法制下で可能な限り区サイドに権限、財源、事務事業を移譲し、長らく求め続けている「特別区の要求」をすべて満たす都区制度改革に踏み切ることだ。大都市東京(旧東京市)の一体性を確保しながら各特別区の自治権を強化し住民自治のより充実した、東京の新たな自治体の創造に都区とも果敢に挑戦すべき時がきている。

「廃県置州」の議論と絡めよ

縷々《るる》述べてきたが、基本的に大都市制度は広域権限をどのように一本化し、身近な基礎自治をどう充実させるか、つまり「集権化」と「分権化」をどう両立させるかが課題だ。

その制度構想が問われている。大阪都構想による改革は制度改革としてはいったん停止しているが、広域行政一本化条例が制定され、動き出した。大都市改革がこれで終わる訳ではない。横浜市（三七五万人）、名古屋市（二三二万人）が動き出すと大阪でも再び「都構想」の議論が沸き起こる可能性がある。さらに一五〇万人規模の札幌、福岡、川崎、京都、神戸市という政令市も濃淡はあるが道府県行政との二重行政、二元政治の問題を内包している。

廃藩置県から一五〇年経つ。日本は大都市が国の骨格をなす「都市国家」。そこに必要な「大都市制度」はどのようなものか、本格的な議論が求められる。この点、改革を避ける政治の怠慢は許されない。今回大阪の住民投票に至る改革過程は日本の大都市、地方都市に大きな影響を与えた。これを機に、基礎自治体の権限を強化するとともに、都道府県に代わって広域政策を担う州を創設する「廃県置州」の議論を始めたらどうか。

筆者は、現在の四七都道府県を一〇州＋二都市州（東京、大阪）に再編することを提言する。こうした〝新たな日本のかたち〟を生み出すべく、各界から英知を結集すべきだ。

終章　地方の元気を問う

七割近くが小規模な自治体

ここまで日本の骨格をなす大都市などを中心に「来てよし、住んでよし、食べてよし」の州構想や大都市制度を述べてきたが、じつは日本では自治体の七割近くを人口五万人以下の自治体が占めている。居住人口で見ると二割にとどまるが（次頁図）、面積的には圧倒的に広範囲を占める。

こうした人口比と市町村比のねじれ現象が、わが国の地域づくりを考える際の難しさである。かつて州構想を進めると小規模市町村には不利だと反対運動があった。しかしそれは大きな誤解ではなかろうか。

いまのこま切れの府県制度のもとでは、確かにこまごまと支援は行われているが、地域

図10‐1　地方公共団体の現状

人口５万人以下の市区町村が全体の７割を占めており、残りの約３割の市区町村に人口の約８割が集中している。

人口規模	市区町村数	構成比	人口（万人）	構成比
１万未満	485	7割 27.8%	248	2割 1.9%
１万～５万	693	39.8%	1,766	13.8%
５万～20万	430	24.7%	4,067	31.7%
20万～50万	99	3割 5.7%	3,129	8割 24.4%
50万以上	35	2.0%	3,627	28.3%
合計	1,742	100%	12,837	100%

出典：総務省自治行政局「住民基本台帳に基づく人口、人口動態及び世帯数（平成25年３月31日現在）」（平成25年８月28日公表）

全体の稼ぐ力が出ない。州構想の実現で稼ぐ力を強め、その果実が多くの市町村に行き渡る仕組み、それが広域の州構想であって決して小規模市町村を切り捨てる話ではない。

ところで、わが国では表現はともかく地方創生、地方の活性化が叫ばれて久しい。しかし、なかなか過疎化が止まらず限界集落が増え続ける実態がある。安倍政権での地方創生は集権的な地方創生の考え方が強く、補助金、交付金の割り増しで国が地方を引っ張り上げるかのような施策が並んだ。そうではなく、地方の内発力をどう高めるか、分権型の地方創生でなければならない。

ここではいくつかの地域で問題になる課題を取り上げ、地方創生のシナリオについて筆者なりの考えを述べておきたい。

乏しい〝稼ぐまち〟の発想

地方創生は間違いなく大事な課題だが、各地に「稼ぐまちが地方を変える」という発想がどれぐらいあるだろうか。国の地方創生本部はあの手この手で地方を引っ張り上げようと躍起だが、地域の内発力を引き出す発想に乏しい集権型地方創生ではうまくいくまい。肝心の自治体にも、長らく〝執行あって経営なし〟の体質が染みついており、地方創生は自ら「稼げるまちを創り上げること」だという発想への切り替えまではいっていない。

もとより、戦後の中央・地方の仕組みがそれを眠らせてきた面は否定しない。国が政策官庁、地方は事業官庁。政策づくりは国の各省、その仲介卸売が府県、市町村は小売業を営むところ。そうした集権融合の統治構造の中で、地方は自ずと事業官庁の体質に染まった。これを二〇〇〇年から地方分権時代と称し「地方のことは地方で決める」としたが、地域の創生本部は地元自治体であり、市町村が政策官庁だという発想の切り替えはまだできていない。

この先も人口減少で各自治体の懐は厳しくなっていくが、カネ集めとなると、国から補助金、交付金をより多く引き出す陳情・請願を繰り返すか、年間四九七億円（二〇一八年度）も集めた大阪泉佐野市のような、なりふり構わず「ふるさと納税」をかき集める手法に手を染めるか。これまでの行動様式からすると、そうした方法しか見当たらないかもしれない。

まちが稼ぐ、地域が潤う構想を

しかし、こうしたヒントはどうか。日米の違いはあるが、米国の自治体は地域開発がメインだ。ただ、まちづくりは官主導ではなく民間主導、特に不動産オーナーが引っ張る構図にある。彼らはみな積極的に地域に投資する。それは「自らの資産価値を高めるため」という理由だが、地域により優良なテナント、稼げるショップ運営者に入ってもらう、それには建物やその地域を少しでも魅力的に見せ、地域の外からも招かなくてはならない。

そこで投資する。魅力的なショップがいくつも揃えば各ビル、そのエリアの魅力は高まり、地元の価値がぐんと上がり、客が多く集まってくる。結果、賃貸料は上がりオーナーは潤い、自治体に固定資産税、住民税が多く入りサービスに回せる。こうした好循環を生み出す設計を後押しするのが自治体という訳だ。明治時代の大阪市の関一《せきはじめ》市長の都市経営もこれだった。

そこがいま忘れ去られている。この先、日本は少子高齢化で相対的に地方のメリットが高まる。自然は豊か、物価は安い、農業に勤しむ機会もある——との理由で大都市の会社をリタイアした団塊世代が地方へ向かう「帰農現象」が起きている。この流れを加速する受け皿を用意する。七五歳まで年金は不要、自前で自活し地域創生に取り組む姿がモデルではないだろうか。

介護や医療といった、地域内でしか提供できないシルバーサービス需要に応える仕組みも構想したい。シルバー産業は地域経済を活性化する。これまで公共事業で生計を立ててきた人は介護施設で働く、集団で農地を手に入れ産地形成を試みることはできないか。

産直時代を逆手に取って、他方面で都会の消費者と産直で結べないか。蛍でも、楓《かえで》の葉でも、ウド、ゼンマイでもよい。農山村で無価値と思っているモノが都会では大きな価値を生む。カブトムシ、こぶな一匹一〇〇〇円でも子どもらは欲しがる。こうした地域ニュービジネスをどんどん創生する、地方創生の一つのポイントはここにある。

国は分権型の地方創生に発想を切り替え、地方創生本部ではこうした動きにひもつきなし奨励金をポンと出したらどうか。民間の活動を地元自治体はこれをさらに応援する。

〝稼ぐまちづくり〟それが地域を変え、地方を変える――そうした発想を広めたい。

「地方国」衰退の危機

コロナ禍、人口減少、東京一極集中など内政問題の解決も迫られる。この国は過疎の「地方国」と過密の「東京国」の二つに分断され、双方ともハッピーでない暮らしの状況にある。とりわけ、都市圏から外れた地方の抱える問題は次の三点に集約されよう。

一つは、地方経済の縮小、企業倒産の増加だ。人口減に伴う労働力減、コロナ禍、後継者不在で倒産する会社が増えている。この現象は街の中心部のシャッター通りに限らず、国道沿線、郊外住宅地、農村部にまで広がっている。こうした地方経済の疲弊、衰退は過去最高の水準になっており、日本経済にとって一番の痛手となる。

二つ目は、担い手不足など地方医療体制の崩壊の危機だ。〝医療崩壊〟はコロナ禍の専売特許、大都市の問題のように報じられるが、実際は地方圏の方が厳しい。医師、看護師、保健師、助産師など医療従事者が足りない。資格を有しながら過重労働を避け働こうとしない傾向や都市部へ流れる医師、看護師などが目立つ。医療機関がブラック企業化してはダメ。待遇改善だけでなく勤務体制の見直しは必至だ。

三つ目は、耕作放棄地、空き家の増加による無居住地が増大していることだ。地方から都会へ若年人口が流出し無居住化が進む。それ以上に高齢化に伴い耕作を諦め農地が荒れ放題、売却能力も再建能力もなく相続人すら不明の空き家が増大。二〇年後、人の住まない無居住地域が自治体の二割にも達するという見方すらある。地域の安全性確保が難しくなることも懸念される。隣接自治体がこの地域を見る「管理自治体」といった制度の法制化が迫られよう。

「地方国」を元気にする挑戦

もっとも、その流れを止めようと新たな挑戦をする自治体も出てきた。例えば徳島県神山町。「神山の奇跡」とも呼ばれ、ＩＴ企業の誘致で人口を増やすことに成功している。東京など大都市圏のベンチャー企業がサテライトオフィスを設けることで好循環が生まれ、高速ブロードバンド網も実現。テレビや雑誌の紹介で地元の予想を上回る人口増で活性化している。

北海道厚真《あつま》町。消滅可能性がある自治体とのレッテルを跳ね返し、「東京圏との日帰りも可能」というキャッチコピーで分譲地の五〇〇区画販売に成功。子育て支援住宅の整備などでさらに移住者を増やす方針だ。お試しサテライトオフィスを設置し企業誘致も促す。

岩手県遠野市。閉校した中学校を改築し「遠野みらい創りカレッジ」を創設。このカレッジの利用者が増えたことで起業者や移住者も増えている。四年前からテレワークセンターも開設し、テレビ会議システムやＷｉ‐Ｆｉを完備することで地方にいながら仕事ができる仕組みを提供している。コロナ禍で地方移住の希望者が増えているのも追い風だ。

こうした動きを加速させるような公的支援策を考えるのが行政の仕事ではなかろうか。

変わる「道の駅」

国道沿いに点々とある「道の駅」に注目が集まっている。地元産品の売り場、防災拠点として、また小規模地域におけるコンパクトシティの拠点としてだ。最近、それに電源供給の場として新たな役割が期待されている。

日本はいま〝駅ばやり〟だ。「道の駅」ばかりでなく、「まちの駅」「海の駅」「里の駅」「山の駅」「旅の駅」「庭の駅」「赤ちゃんの駅」など様々な駅がある。なぜこれだけ「駅」という言葉が使われるのか。

昔「駅」は宿場、馬屋を指したが、その後鉄道の停車場（station）を指すようになる。

ここに共通するのは人、馬、電車の〝休みどころ〟といったところ。最近はこれに「ふるさと創生の拠点」、人やモノの交流の場、情報の発信地、小さな村の都心といった役割が加わってきた。そして今度、これに自然災害に対する防災拠点として「道の駅」が脚光を浴びるようになる。

「道の駅」は、二四時間利用できるトイレや駐車場の設置、施設のバリアフリー化などを要件に主に市町村や第三セクターが整備し、道路管理を扱う国交省に登録しているもの。一九九一年に試験的につくられ九三年に一〇三ヶ所が正式登録し、いまでは全国一一六〇ヶ所まで広まっている。各地に見る「道の駅」はデザインも規模も形態も機能も様々だが、最近は商業施設や休憩施設に加えて「ふるさと産品の売店」、レストラン、お祭り広場、温泉、博物館なども加わり、「田舎の都会」風のおしゃれな〝地方創生拠点〟の風情を呈している。

もっとも、いまでこそ「道の駅」を知らない人はいないが、三〇年前は違った。その頃、東京新橋の「集」という小さな飲み屋に大学教授や建築士、土木技師らが集まり、「日本の一般道にはトイレも休憩所もない」「これって非人間的で非衛生的だ」「これを民間の力でなんとか変えられないか」「建設省に掛け合い説得しよう」と議論していた。筆者もその一人だが、そこから生まれ出たのが道の駅である。

「防災道の駅」にも

この「道の駅」が大きく変わる。二〇二一年四月から国交省が災害時の拠点となる施設を持つところを「防災道の駅」と認定し、補助金などで設備整備の助成を始めるという。急増する集中豪雨や台風、地震の被害を、道の駅を防災拠点化することで和らげようという考えからだ。

すでに道の駅は新潟県中越地震、東日本大震災、熊本地震などで、一時避難所、緊急車両の中継基地、物資供給の中継地点など災害支援としての運用実績がある。

現在のところ発電設備や備蓄倉庫を備え、市町村の地域防災計画に載っている道の駅は五〇〇にとどまるが、これを国交省が認定制度をつくることで全体に広めようという考え方。その認定には、都道府県単位の広域防災拠点として活用できるかどうかが基準となる。

ヘリコプターの離着陸場、消防や自衛隊の活動スペース、指令拠点、被災しても使える備蓄倉庫や発電設備の設置などが要件だ。太陽光発電など電源施設があれば、ガソリンが絶えても電気自動車は使える。さらに地上回線が途切れても電話やネットを使えるよう衛星通信の導入も促すという。道の駅がすべて市町村の防災計画に位置づけられるよう促すという訳だ。

当初トイレの設置から始まった道の駅は、三〇年を経て新たな時代的使命を負い、防災拠点にもなるなど生まれ変わろうとしている。

人口減で逆襲する野生動物

最近クマが出た、タヌキが出た、シカが増えたと聞く。どうやら日本の山は、野生動物の楽園になってしまったらしい。野生動物にとって「楽園」であっても、農家にとっては農作物を食い荒らされ極めて深刻で厄介な問題だ。ハイキングなど山歩きをする人にとっても脅威だ。

岩手の沿岸部の山村で直接聞いた話。「ここ数年、異常にシカが増え、七頭ぐらいで群れをなし、この小さな山だけで三つの群れがいる。それが果物や野菜だけでなく、いまや水田に降りてきて稲の穂まで食い荒らすようになった。イノシシ、サルと合わせこの三大野生動物問題をどうするか、われわれは頭が痛い」と。

以前、ＮＨＫの「クローズアップ現代」でもこの問題を取り上げていた。過疎、高齢化が進む鹿児島県さつま町の話。春の収穫期になると、数十頭のサルの群れが農作物を目当てに降りてくる。一頭の若いオスザルが大根を食べ始める。それでも人は誰も追い払いにこない。数分後、仲間も集まりすべての大根を食べてしまった。農家の担い手が減る中、さつま町では小規模な畑で糖度の高い農作物をつくる人が少なくない。そこで農家の人の話。「畑も荒れ放題、田んぼも荒れ放題。もう収穫ができない、つくっても全滅だもん」とうつむく。

都市部で暮らす一般の消費者にとっては「そんなもの」といった程度で聞き流す話かもしれないが、農家の立場、農家数の激減する日本の現状からそうはいかない。全国の農産物被害はここ二〇年間、年間二〇〇億円前後とされ、被害面積も約五万三〇〇〇ヘクタールに及ぶ。しかも人口減の著しい限界集落や中山間地ほど野生動物の楽園化が進み、これまで出没しなかったクマも民家の近くまでわが物顔で現れ、平気で農作物を餌として食い荒らすようになっている。

この先、日本列島は人口減に伴い野生動物の席捲する地に変貌していかないか。人の住まなくなった沖縄の尖閣諸島がヤギの大群で占拠されているように。日本全体の七割は山林が占めるが、この先凄まじい勢いで野生動物の「楽園化」が進むと由々しき事態になる。

彼らの生態はあまり知られていないが、例えばイノシシだと、一日のうちの三分の二を休息に費やし、三分の一（七〜八時間）をほとんど餌探しに使うと言う。以前は山の中でも薪《たきぎ》をとるなど、多くの人が作業をしており、イノシシは山際に近づくと人に見つかり追いかけられるので、人里離れて生息していた。

農作物被害をどう減らす

しかし、いまは山を下り人里に近づいても人間を見かけない。山際の竹林も放棄され真っ暗で、野生動物の恰好の隠れ家となる。竹林から顔を出しても人の気配すらなく、代わりに山際に捨てられた白菜、レタスなど冬野菜やかんきつ類、誰も収穫しない柿、栗、ビワ、クワなどの放任果樹が散在している。ふだん木の芽や虫を漁っている彼らにとって、この作物残渣《ざんさ》は瑞々《みずみず》しく栄養価の高いおいしい食物と映る。確かに人間がつくった野菜や果樹はおいしい。

養魚池の魚、養鶏場のニワトリもご馳走だ。野生動物はおそらくゴミを漁ることで味を覚えたのだろう。餌が十分にあれば、数は増える。私たちは知らず知らずのうちに野生動物に餌づけを行い、誘引し、隠れ場所まで提供している。耕作放棄地の増加などは誘因の最たるものだ。

しかし彼らに「楽園」でも、農家にとっては農作物を食い荒らす敵となる。この折り合いをどうつけるかだ。山梨県北杜市では猟友会から鳥獣捕獲実施隊を選抜し二〇一七年度でシカ約一四〇〇、イノシシ一四〇、サル二三〇頭を捕獲するなど、被害の最小化に向け努力している。

岩手県宮古市でも捕獲計画を立て猟友会から選抜した鳥獣被害対策実施隊に捕獲を委嘱している。ただ捕獲隊員の高齢化に伴い人員確保も難しく先行きが不安。ほかの罠、煙火、忌避剤、柵、ロープなどの方法も加えているが、それでは間に合わない。農水省も鳥獣対策室などが自治体の支援をしているが十分とは言えない。

いずれこの問題は〝隠れた人口減少の新たな側面〟として、鳥獣保護と農家保護の両面から議論を深める必要がある。

目に見える少子高齢化

最近、街中を歩いても、地方の商店街を歩いても、農村の畦道《あぜみち》を歩いても、出会う人の三人に一人、ないし二人に一人ぐらいが高齢者である。また子どもの手を引く親も少ない。

連れていても一人の子だけのことが多い。

シャッター通りが増え、ところどころ空き家がある。中心街なのに更地化されガランとした駐車場らしきものがいやに目立つ。このところ、筆者は地方都市を歩く機会が多かったが、否が応でも人口減少と地方衰退の証のような風景が目に飛び込んできた。

日本は一億二七八四万人（二〇〇四年）をピークに人口減少へ移行した（二二頁参照）。いま年間九五万人が生まれ一五〇万人が亡くなっている（二〇一九年）。毎年五五万人ずつ人口が減っていく構図だが、これが三〇年前だと一四五万人が生まれ、約半分の七五万人が亡くなっていた。この先、出生率が一定水準で推移し九〇万人が生まれても、一九〇万人が亡くなっていくと予想される。

日本の人口減少の中身は、少子化と高齢化現象が同時進行している点が特徴だが、地域において地方創生を考える際、二つを分けて見なければならない。中部地方のある県で、市町村の課長三〇名を集めた二日間の政策研修会の講師を務める機会があった。そこで感じた点がある。

考えさせられたのは、大都市で考えている少子高齢化対策と地方都市や農村部でとるべき対策は全く違うという点だ。例えば、大都市の少子化対策には必ず待機児童問題の解決が出てくるが、地方にはそんな話はない。高齢化対策でも、孤独死を防ぐため区の職員が三日置きに「声かけ」に回るといった対策などはない。むしろ、病院や買い物など街に出る足をどう確保するかが問題視される。

少子高齢化対策も分権化で

三重県でのある研修会での様子。少子化対策で紹介されたある市の例は、極めて具体的なものだった。①就学前の子育て支援窓口の一元化、②義務教育終了までの子供医療費助成制度、③小学校施設内への放課後児童クラブ併設、④若者世代の移住促進事業（家賃の一部補助）、⑤I・J・Uターン促進のための奨学金返済補助事業、⑥「出会いから結婚、妊娠、出産、子育てまで」安心支援パッケージ事業、⑦引き続き住んでもらえる新たな住宅施策、⑧地域社会と地域の産業を楽しみながら支え合う「ひと確保」施策など。

これが東京など大都市になると、①小中学生の医療費すべて無料、②保育園、幼稚園、学校の急増設、③待機児童問題の解決、④通学路の安全確保、防犯体制の強化、⑤小学生対象のシルバー先生による職業体験授業など子供支援教室の創設、となる。

一方、高齢化対策はどうか。①認知症予防や生きがい対策、②毎年体力テスト、認知テスト、③空き家対策、コンパクトシティ化、④インフラが老いる（更新対策）などだが、これが大都市になると、①定年延長、高齢者雇用アドバイザーの創設、②高齢者介護施設の大量建設など待機老人対策、③高齢者難民対策、④交通事故防止、という話になる。

もちろん人口減少が本格化したとしても、そう慌てて「大変だ、大変だ」と騒ぎ立てる必要はないが、肝心なことは、地方都市と大都市で性格の異なる少子高齢化対策を有効なものにすること、それには現地で企画立案から実施、予算編成まで一貫してできる地方分権の推進がどうしても必要なのである。

往々にして霞が関、永田町での中央目線は一律の既成概念で物事を考え、決めがちだが、現場は多様だ。すると勢いカネのムダ遣い、施策の非有効性が高まる。そうではなく、ここは実態に即して問題解決ができる仕組みに大胆に改革すること、より強い地方分権の推進が不可欠だと考える。地域のことは地域で考える、このことが大事だ。

暴れ豪雨をコントロールできないか

昔から、〝水を治める者は国を治める〟と言われる。最近、集中豪雨、ゲリラ豪雨に襲われ大変な被害が発生しているが、この「暴れ豪雨」の水を未だコントロールできていないのが現代科学の現状だ。被災地の惨状を見るにつけ、予報だけでなく、予防ないし阻止はできないものかといつも考えさせられる。

ハンドルを握らなくとも目的地に到達できる、絶対に衝突しない車の開発（自動運転車）に鎬《しのぎ》を削る昨今の科学技術だが、自然災害をコントロールできる技術開発にも鎬を削ってほしいと思うのは筆者だけだろうか。

ここでは一般には全く話題にならないが、極めて大切な役割を果たしている首都圏の小さな村を取り上げよう。現地を訪れ、目からウロコだったから。明治期、夏の日照りが続くと、人口の多い首都の東京市が一番困ったのは水ガメを持たないこと。日照りが続くといつも雨ごいをするなど天に祈るような日々だったという。そこで東京市は水の豊富な多摩川を東京市の水ガメとするため、明治二六年（一八九三）に神奈川県の多摩川水系を含む多摩地域（現在の東京都の三多摩）を東京府に編入する荒業に出た。

そして、手に入れた多摩川を大事に利用するため、明治三六年（一九〇三）から同四五年（一九一二）まで東京市長を務めた尾崎行雄は、多摩川の水源地の保全・涵養《かんよう》に力を注いだ。

東京府の奥多摩村、檜原《ひのはら》村と山梨県の丹波山村、小菅村は多摩川の水源（源流）に位置するが、この村々は、明治四年（一八七一）の廃藩置県の線引き（県境）によって東京府と山梨県の別々の府県に所属することになる。

行政上の統治の都合と言えばそれまでだが、じつは約一五〇年経ついまも、東京都民の水を供給しながら、丹波山村、小菅村は山梨県であり、県境が邪魔をし、道路、鉄道等のインフラ整備が不十分となり、過疎に苦しむ状況になっているのだ。都民の飲む水の源流地でありながら、行政は山梨県に依存している。

当該村民の生活圏、経済圏は東京都に依存しながら（進学、就職、買い物、医療など）、実際は別の県から行政サービスを受けるという仕組みだ。人口一〇〇〇人未満の町村で議会の廃止が話題になっているが、こうした町村の多くが県境にあってどちらの県から見ても外れの地域に位置し、整備が遅れがちとなり、過疎が進む状況にある。

県境が小さな村の再生を阻む

ここで挙げた山梨県丹波山村は、山梨県の東北部に位置し、東は東京都奥多摩町、西は甲州市、南は小菅村、北は埼玉県秩父市に接し、面積は約一〇〇平米の山村だ。多摩川の源流・丹波川が東西に流れ、東京都民の大切な水ガメでその水は奥多摩湖に注いでいる。

雲取山、飛竜山、大菩薩嶺などの険しい山々に囲まれ、全体の九七%は山林だが、驚くことにそのうち約七割は東京都の水源涵養林として都が購入・管理しているのだ。事実上、この村は面積の七割が都有地ということになる。

しかし行政サービスは山梨県から受け、様々な行政の仕組みは山梨県の一村として成り立っている。昭和三五年（一九六〇）に人口二二〇〇人あまりを数えたこの村は、現在六〇〇人を割り込み存亡の危機にある。先日ここを訪れ、筆者の教え子の村長、村の幹部、議員らと話し合う機会があった。県境の悲哀、その悩みをいろいろ聞かされた。大事な役割は都に向けて果たし、行政サービスはその恩恵に浴さない県から受けざるを得ないと。

こうした矛盾を解消するにはもはや「廃県置州」を断行するしかないのではないか。そうすることで救われ再生する小さな町村がどれぐらいあるか。州制度移行は町村にとってマイナスだというキャンペーンがあるが、筆者の見る限り話は逆のように思えてならない。

もう一つの二〇二五年問題

よく「二〇二五年問題」と言われる。あと五年もすると戦後生まれの〝団塊世代〟すべてが七五歳を超え、社会保障費を賄うのが大変だという話だ。確かにそれは事実だが、この人が老いる話と同時に忘れてはならないのが老いるインフラ問題だ。日常生活を支えている道路、橋、トンネルなど都市インフラが一斉に老いる。筆者は〝もう一つの二〇二五年問題〟と呼ぶ。

各地では五〇年前、高度経済成長の時期に集中的に道路、橋、上下水道、歩道橋、学校、公共施設、地下鉄、鉄道など多くの都市インフラを整備した。それが一斉に寿命（耐用年数五〇年）を迎え、廃棄にせよ更新にせよ、膨大な費用とエネルギーが要る。都市インフラをどう更新するか。膨大な費用と時間がかかるだけにそれを乗り越えられるか。

これは全国的な問題ではあるが、特に国土の〇・六％という狭い地域に国民の一割以上が集中する東京は大問題だ。ここまで「東京一極集中」の様々な見方を述べたが、その是非論はともかく、東京一極集中の最大のアキレス腱は〝老いるインフラ〟事故で東京の都市機能が破壊され、全国に被害が及ぶことだ。

変電所が壊れ大停電になる。すると林立する超高層ビル・マンションに何日も住人が閉じ込められ死傷者まで出る。デマ情報で街の人々は食糧を買い漁る。交通機関は完全にストップ、経済活動も止まる。近い将来必ず首都直下地震が襲来するという。すると老いるインフラは想定以上に脆い。景気浮揚策ばかり打っているが、巨大都市の脆さを直視すべきだ。

耐用年数五〇年インフラが一斉に危機

新型コロナ拡大で「首都封鎖」の話まで出た東京。感染症対策は喫緊の課題だが、一方で東京での老いるインフラ対策はより根の深い問題だ。カネと時間がかかる。東京は一九六四年の東京オリンピック前後、世界に戦後復興を誇ろうと一斉に道路や橋、トンネル、上下水道、地下鉄、地下道、学校などを整備し、新幹線、高速道をつくった。以後、高度成長の波に乗り人口集中、モータリゼーションの受け皿としてどんどん郊外までこのインフラ整備を続けた。

それが老いてしまうという話。戦後のベビーブーム（団塊世代）に似た話だが、インフラが老いることとは私たちの生命、財産が奪われ、経済活動が停止する話だけに重大なことである。

もちろん、機械的に計算したように耐用年数五〇年で一斉に橋が落ちるとか、道路が陥没するという話ではない。しかしコンクリート、木材、鉄でできているインフラだけに脆くなっている。ある日突然、それがわっと表に出る。最近多い集中豪雨、台風、地震などで一気に崩落し、大惨事につながる可能性すらある。これを想定外の事態とは言わない。「備えあれば憂いなし」の譬《たと》え通り、カネがかかっても計画的に更新する必要がある。

このままではあちこちで道路が陥没・都市インフラが損壊し、市民の生命・財産が危機にさらされ、東京崩壊の危機すらある。ただこれを超えるには更新・再生費用と時間がかかる。しかも人口減少が急速に進む。ただつくり直せばよいという話ではない。

人口減少、経済動向、産業の盛衰などを見通したうえで〝身の丈に合った〟インフラ更新をどうするか、自治体としての都政はもとより国政、日本政治の最大の課題はこれだ。

例えば、電柱が倒れビルやマンションを巻き添えに大停電になる。突然陥没した道路に車が次々転落する。米国ハリウッド映画でしか見たことのないような事態が眼前で起こる時代がくる。だったら、直せばいいじゃないか！　と言うかもしれない。

だが、それに耐えられるだけの体力（財力）が日本にあるか。担税力のある年齢層は急速に縮減。追い打ちをかけるように集中豪雨や台風、地震など大規模な自然災害が頻発している昨今だ。これからどうする？　どうしたら「老いるインフラ」問題を解決できるか。その一番厄介なところが巨大都市東京だということを、私たちは再認識してはどうか。

高齢者急増と新たな介護需要

最近、いろいろ高齢者のトラブルが増えている。車が駐車場の塀を破って通行人を殺傷した、高速道の反対車線を逆走してきた認知症患者、コンビニで万引きをする高齢の買い物客といったニュース、毎日のように流れる「線路に人(お年寄り)が降りたので〝しばらく電車は停車します〟」という駅のアナウンス——こうした問題事象を見聞きするたびに、これからの高齢者急増の社会はどうなるか心配になる。

「介護難民」という言葉は使いたくないが、高齢者介護施設(いわゆる老人ホーム)に入りたくても入れない、入居してもまもなく、二四時間体制で医療を受ける必要が出たので退去を促された人たち。こうした介護難民は団塊の世代がすべて七五歳以上の後期高齢者となる二〇二五年には全国で約四三万人、一都三県だけでも約一三万人に上るとされる。

それに伴い介護需要は急速に増加する。全国平均で三二%増、東京圏はより増加が著しく、東京都三八%増、埼玉県五二%増、千葉県五〇%増、神奈川県四八%増と高い伸びが見込まれる。全国的にもそうだが、特に介護施設の不足が目立つ東京都や、東京圏の隣接三県はこれにどう対処すればよいのか。

サービスを提供する施設やそこで働く介護職員の不足が深刻となっている。五年後、介護職員が全国で約二五〇万人必要とされるが、現在の待遇ではその職に就く人も少なく、すでに現場の施設の五割以上で人手不足を嘆いている。こうした需給のアンバランスが介護難民をさらに生み出す要因にもなっている。

AIが救いの手になるかも

介護人手の不足が深刻になる様相を受けて、よく出てくるのが「外国人の介護要員」を大幅に受け入れてはどうかという話だ。確かにそれも手かもしれないが、それより日本は頭脳技術立国で生きてきた国だ。むしろICTや介護ロボット、認知や判断といった人間の知能の働きをコンピュータで実現する人工知能（AI）の活用といった手はどうか。

特にAI技術は急速な進歩を遂げている。最近、AIが将棋のプロ棋士を破ったと話題になったが、それはほんの一例。AIを医療に応用し、患者のデータから病気を診断したり治療法を選択したりする病院、コンビニのレジでの会計がAIを活用すると不要、食品の製造ラインに異物や不良品がないかAIで見つける取り組みを始めたコンビニ店、大量のキュウリ画像をAIに学ばせ、収穫したキュウリを色つやや曲がり具合で等級別に仕分ける自動装置をつくり出した農家まである。

停滞する日本経済だが、イノベーション（技術革新）による経済成長をめざすには市場や雇用の創出にAIを活かす戦略を描き、行動に移したらどうか。

急速に進む高齢化に対しても、AIを使えば解決できる問題はたくさんある。例えば人口の四割以上が六五歳以上で占められる京都府南山城村では、AIによる高齢者の生活支援の実験が進んでいる。AI対話システムを使い、タブレット端末から食品を発注したり、バスの運行状況を調べたり、雑誌を楽しんだりできる。学習効果によって、データが集まるほど、自然で楽しいやり取りが可能になるという。

AIは二四時間無休なので、買い物支援だけでなく、お年寄りの夜間の孤立感の解消にも役立つ。行政や店舗の限られた人数で多くの人に対応できるメリットも大きそうだ。人手不足の中、きめ細かなケアが求められる介護への応用も期待される。あるメーカーでは要介護者の排尿をセンサーのデータなどから予知し、トイレに連れていくシステムを開発、人と対話できるロボットを使った高齢者の見守り実験なども行われている。こうした対話は無味乾燥ではないかと思いきや、経験者の四割は「便利でよい」と答えているという情報もある。

ＡＩはこれまでのＩＴ（情報技術）などに比べ、音声入力や画像認識、臨機応変な対話などの点で素人でも使い勝手がよいのが特徴である。ということは、高齢者や一般の消費者、情報系技術はどうも不得手という人でもなじみやすいということではないか。「高齢者が住み慣れた自宅で長く過ごせるよう」、健康な暮らし方を助言するサービスまで出始めた。ＡＩ技術がこの先の高齢社会を救う明るい兆しとなるのではないか。

危機に立つ地方議会

もう一度、統治の仕組みの話に戻る。平成大合併が盛んな頃、人口一万人未満の町村を小規模自治体と呼んで問題になったことがあるが、いま地方議会を置くべきかどうか、人口一〇〇〇人未満のより小規模な自治体で話題が沸騰している。

発端は高知県大川村（人口四〇〇人）で、議会を廃止し、村総会で自治体の基本的な予算、条例などを決めていこうという話が出たところに始まる。同村では、二〇一五年村議選で定数六を超える立候補者がなく、現職六人が無投票で当選している。今後とも「議員のなり手がない（不足）」といった理由もあるとされるが、無投票ということが続けば、はたして当選といってもその議員に住民を代表する政治的正当性があるのかどうかが問われる訳で、議会そのものの存在意義をも問題視しているとも見える。

二〇一五年の統一地方選では、全国三七三町村議選が告示され、二三・九％に当たる八九選挙が無投票当選となっている。なかには定数に満たないまま全員当選となったところもある。これは、小規模町村、否、仮に一万人未満の市町村に広げてみても、状況は似たり寄ったり。最近はもっと状況は悪化している。

府県レベルの議員選挙でも、第一九回統一地方選を見ると五人に一人は無投票当選だった。人口減少がすべての理由ではないにしても、草の根から民主主義の仕組みが枯れているのが実際である。筆者は、小規模な自治体では住民総会で決めてよいと考えている。規模や地域特性に関わりなく、一律に定めた日本の二元代表制自体が実態に合わなくなっているとも考える。

住民総会も活用したらどうか

「議員のなり手がない」という点も、根の深い問題だ。それには次のような背景がある。

まず、この二〇年間、経済の実質成長率ゼロの中、税収も伸びず、政策をめぐる裁量の余地が極めて小さくなり、議員の活躍の場の喪失感が増大していること。

次に、若年・中年層を中心に職業の安定志向が強まり、あえて四年ごとにリスクを追う政治家（議員）に挑戦しようという気概（政治家の魅力も）がなくなってきていること。

また、議員に選抜される母集団が構造的に狭まっている。サラリーマン社会にもかかわらず、サラリーマンが議員職を兼ねることができず、勢い自営業者か無職者のみの戦いになっている。事実上、八割近くを占めるサラリーマンが公職に就くことを排除していること。

そして、報酬の削減が続き、経済的な魅力に欠け、また相次ぐ定数削減で新人の出る余地が狭まり、現職優先、現職の議席既得権化が進み、新人の当選できる可能性が低下していること。

この状況を変えることができるかどうか。どう見ても今後「議員のなり手不足」は深刻化しよう。相当大ぶりの抜本的な選挙制度の改革でもしない限り、競争率が上がり、無投票当選がなくなり、女性議員や若手議員が増え、地方議会が活性化していくという道筋は見えてこない。とするなら、本業は会社員で日常を送るようにし、公職としての議員活動ができるよう、土日・夜間開催議会へ議会の置き位置をシフトするとか、年齢別の当選枠の設定や女性比率を定めるクオータ性の導入など、いろいろな改革が考えられる。

基本は、なんといっても八割近くを占めるサラリーマンが議席を得て議会活動ができる仕組みに変えることができるかどうかだ。ここが最大のポイントとなる。会社員の労働法制を変えること（公職休暇制度）や、時間帯を夕方の「五時から議会に変える」などの改革が急務だ。

とはいえ、これは先に述べた小さな村での議会の継続か廃止かの答えにはならない。要は、予算や条例の決定、執行機関の監視、また住民の民意の反映は「議会」という装置を通さなければできないのかどうかが論点だ。つまり議会は絶対に必要かどうか。議会自体に機能不全が見られる現状から、その打開策として有権者が一堂に会する「住民総会」を開く方法も選択肢になるのではないか。

公選議会は廃止し、公選の首長に予算編成、主要契約、条例作成など全権を委ね、執行活動をチェックする「監視機能」に限定した「評議員会」を置く。問題のある首長は住民総会で解任できるようにする。もちろん、選挙で落とす究極の手段もある。実費弁償で集落別に出した評議員が四半期ごとに行政を統制したらどうか。

「自助、共助、公助」とは？

最近、久しぶりに国政の場で〈自助〉〈共助〉〈公助〉という話を聞いた。身近な市町村ではよく使われるが、わざわざ日本の首相が持ち出すとは思わなかった。自民政権で菅義偉が首相となってからの話だが、じつは国政の場で一〇年少し前、民主党政権の菅《かん》直人が首相の時も言われた。菅《すが》と菅《かん》、読み方は違うが何か共通項があるのか。

自民の菅《すが》首相はストレートに自助、共助、公助を政権の看板とし、まず自分でできることは自分でやる、それを補うかたちで地域が助け合う、ボランティアやNPOが活躍することを共助とし、それでもできない部分を「公助」として国や自治体が税金を使って解決すると語っている。

他方、民主の菅《かん》首相の時は「新しい公共」という概念を持ち出し、公共分野（公助と言い換えてもよい）でも官が独占するのではなく、民間やNPO、NGOボランティアが参加して解決すべきという話だった。新しい公共担当大臣まで置いていた。何をやったかは記憶にないが。ただ、一見似ているが話はややこしい。自民の菅《すが》は公助を行政が独占する分野と考えているようだ。他方、民主の菅《かん》は公助も民間や非営利団体が絡むべきだという話で、双方は似ているが、じつは言っている中身は違う。少し原理原則から説いてみよう。

個人の立場の生活を見ると、一つはその人自身の意思で決定し自分の責任で行動が完結できる私的な領域がある。しかし一方で、個人ではどうにもならず、他人の意思に多くを依存しその多数者の決定に従わなければ行動が成り立たない公的な領域がある。

私的な領域はそれぞれが自由に仕事を選び、各種の民間サービスを購入することで支えられよう。いわゆる市場メカニズムが働く領域だ。他方、公的な領域は道路の利用にせよ、福祉サービスの享受にせよ、国や特定の自治体から提供される公共サービスで支えられる。

ごみ処理にせよ、高齢者介護にせよ、治安、防災、環境保護のどれ一つとっても国、自治体といった役所の関わりなくして問題解決はできない。こうした公的な領域を「公共領域」と呼ぶなら、一般市民にとって「行政」と関わるのは、こうした個人や企業では解決できない公共領域（市場メカニズムの働かない「市場の失敗」領域）について、行政（役所）に問題解決者、サービス提供者としての役割を期待することになる。

公私の分離は可能か

もっとも実際の私たちの生活について、私的領域と公的領域とを整然と分けることは難しい。むしろ現代社会は、相互の関わりがより緊密化していると言ってもよい。警察や消防、災害復旧など行政固有の仕事領域もあるが、一方で役所は、民間サービスを提供する企業や団体の活動に法的規制を加えたり、補助金等で助成したり、民間サービスの供給が不十分な領域は自ら事業主体として補完することも多い。このように国や自治体の行政活動は民間活動と深い関わりを持っている。そのことで良好な社会生活が営めるよう工夫されているのが現代社会だ。

逆に、国や自治体の活動に民間活動が関わることも多い。それは国、自治体が民間企業等に仕事を委託するという場合のみでなく、PFI方式やNPO、NGOの活動に見られるように、民間自体が公共サービスの供給主体になるという関わり方もある。そうしたことから現在は〝公共は官（役所）の独占物ではない〟と言われる。「新しい公共」という考えはここから始まっている。

これからの公共分野は官独占ではなく、コラボレイト（協働）の考え方、官民協働、公共領域を民間にも開放し、自治体と民間、NPO、ボランティア等が対等の立場で協働し、また相互に競争を通じてサービスの質を高め、経営の合理化を図っていく経営が望ましい。〈自助〉〈共助〉〈公助〉という用語法はもっと精緻化して使った方がよいのではないか。

ともかく、「地方国」と称した、日本の多くの面積を占める地域に横たわる問題、課題は山積している。それは単に地方創生では語れない奥深い問題を抱えている。自治は小さな単位ほどよいという主張があるが、必ずしもそうではなかろう。スケールメリットの働く領域は大きい単位でもよい。「稼げる州」づくりによって新たな展開に導けないか、州構想の実現で「地方国」は元気になる、筆者はそこに注目している。新たな国のかたちをデザインする、その段階にいまの日本は差しかかっている。誰かがやってくれるではなく、私たちでやろう、創ろうとの気概が求められている。

あとがき

詩人の相田みつをさんが「あたらしい門出をする者には新しい道が開ける」という言葉を残している。悩める青春、迷える若者を励ます意味で使ったようだが、これは国づくりにも言えることではないだろうか。

新しい革袋には新しい酒を、と言われるように。日本の国の人口という入れる「中身」が小さくなっていく時代に、入れ物である統治の仕組みが大きい風呂敷のままでは使い勝手が悪いし、カネもかかる。

明治から大正、昭和、平成そして令和と、この一五〇年間右肩上がりだった日本では、ひたすら「あれもやります」「これもやります」式の右肩上がり政治が続いてきた。だが、これからは通用しない。人口も経済も財政も行政も「右肩下がり」の時代へ向かう。

この大きなパラダイム転換の舵をどう切るか、それが政治家を含め私たち国民に課せられた課題だ、というのが本書を書こうとした動機である。

コロナ禍でやむを得ない部分もあるが、しかし日本の財政は箍《たが》が緩んでいる。国・地方を合わせ、予算規模でいつのまにか一七〇兆円まで膨れている。だが国民の税負担は一〇〇兆円にとどまる。これでも税負担は重い、生活が苦しいとされる。なのに、膨らんだ歳出規模を圧縮できず、毎年の不足額（赤字分、七〇兆円規模）を国債・地方債で賄っている。すでに借金の累積額は一三〇〇兆円を超えた。国民の貯蓄が一四〇〇兆円もあるので大丈夫という見方もあったが、もう説得力がなくなっている。この先はどうすればよいか。

国の借金は日銀が札を刷って引き受けている限りいくら膨れても大丈夫という、手品師みたいな話がある。しかし、借りたカネは必ず返せという社会常識からするとにわかに信じられない。やはり時がくれば返さなければなるまい。すると、大増税しかないのか。

それを避けるには、膨らみすぎた「統治の仕組み」を賢く畳んでいく道しかないのではないか。四七都道府県に代え約一〇州の創設を提案した。これを「日本型州構想」と呼び、本書の大きな柱とした。それだけでなく、国の機構は一府一二省と多くの地方分部局、県も四七都道府県と多数の出先機関、二〇政令市と一七五行政区、一般市町村一七一八と多くの出張所、二三特別区という具合に、幾重にも行政の仕組みが重なっている。だがよく見ると、いろいろ理屈はつけているが実際は同じような仕事をしているところが多い。この仕組みを、次代に合うよう簡素で効率的なものにつくり直したらどうか。

一言で言うと「賢い畳み方」革命が要ると言うことだ。

明治期の「廃藩置県」が人口拡大期に備えた政治革命だったとすれば、これから令和期の人口縮小期に備えた政治革命は「廃県置州」ではないだろうか。

日本を一〇程度の広域圏からなる州とし、それぞれが内政の拠点として独自の政策を行う。それを可能とするよう、規制緩和も地方分権も大胆に行う必要がある。それがいま課せられた政治の基本的な役割ではないか。それが実現すると日本各地に活力が湧き出て潜在能力が顕在化してくる。結果として壮大なムダは省かれる。大都市は三密状態から解放され快適な空間となり、地方への分散も進む。

来てよし、住んでよし、食べてよし――これが堺屋太一氏の言う「楽しい日本づくり」

の方向だとも言える。「いまこそ脱東京」「高速交通網フリーパス化と州構想」を実現しよう、そう呼びかけようとしたのが本書である。ぜひ読者諸氏には受けとめていただき、各地でより具体的、実践的なまちづくりの競演が始まることを期待したい。

なお、本書の出版については平凡社新書編集部の金澤智之さん、蟹沢格さん、そして担当編集者の安井梨恵子さんに大変お世話になった。

この方々のお導きなしに本書は生まれなかった。ここに記してお礼を申し上げたい。

二〇二一年三月

佐々木信夫

【著者】
佐々木信夫（ささき のぶお）
1948年岩手県生まれ。早稲田大学大学院政治学研究科修了。法学博士（慶應義塾大学）。東京都庁に16年勤務。89年聖学院大学教授、94年〜2018年中央大学教授。現在、中央大学名誉教授。政府の地方制度調査会委員、日本学術会議会員のほか、慶應義塾大学、明治大学、日本大学、埼玉大学で講師を歴任。著書に『この国のたたみ方』（新潮新書）、『新たな「日本のかたち」』『老いる東京』（ともに角川新書）、『元気な日本を創る構造改革』（PHP）、『都知事』（中公新書）など多数。テレビ出演や地方講演も多い。

平凡社新書９７３

いまこそ脱東京！
高速交通網フリーパス化と州構想

発行日――2021年５月14日　初版第１刷

著者――佐々木信夫
発行者――下中美都
発行所――株式会社平凡社
東京都千代田区神田神保町3-29　〒101-0051
電話　東京（03）3230-6580［編集］
東京（03）3230-6573［営業］
振替　00180-0-29639
印刷・製本―株式会社東京印書館
装幀――菊地信義

ISBN978-4-582-85973-7
NDC 分類番号318　新書判（17.2cm）　総ページ248
平凡社ホームページ　https://www.heibonsha.co.jp/